성적매력 있는

남자가 성공한다

남자 중의 남자로 태어나는 방법

성적 매력이라는 말은 저 은막의 여왕 마릴린 몬로가 등장한 때부터 갑자기 사람들의 입에 오르내리게 되었다고 기억하고 있다. 그녀의 요염한 눈, 커다란 입술, 넘칠 듯한 풍만한 바스트, 약간 허스키한 목소리, 몬로 워크라는 말까지 탄생시킨 히프의 움직임…. 그런 모든 요소가 세상 남성들을 매료시킨 것이다.

그 이후 많은 여배우들이 은막에 등장하는데 그녀들을 평가하는 척도가 '아주 섹시하다'든가, '섹스어필로 가득 차 있다'라는 표현을 빈번히 사용하게 된 것 같다.

물론 성적 매력이라는 평가의 척도는 먼 옛날부터 있었다. 동서양을 불문하고 여성들은 의상이나 화장에 몰두하고, 머리 모양에 마음을 빼앗겨 조금이라도 자기의 아름다움을 내세우려고 노력해온 것이다. 또 단순히 외모에 나타나는 아름다움과 추함뿐만이 아니라 "남자가 좋아한다"라든가 "어딘가 색이 보인다" 같은 표현도 간혹 사용해 왔다. 이런 점에서 성적 매력이라고 하면 어쨌든 여성 전용의 말이라고 생각됨이 틀림없다.

그러나 근래 세상에 '모레츠로부터 뷰티플로'라는 변화함에 따라 남자들에게도 아름다움이 지극히 중요한 요소로서 등장하게 되었다. 잇속만 차리는 창백한 타입의 인텔리나 덮어놓고 일하는 꿀벌 같은 것은 존재할 수 없게 된 것이다.

그 이유는 본문에서 자세히 다루었기 때문에 여기서는 생략하지만, 하여튼 남성도 여성 이상으로 모양을 내야하는 시대가 된 것을 잘 인식해 둘 필요가 있는 것 같다.

이미 대기업에서는 표준 체중을 현저하게 오버하는 미만자는 입사시험에 패스하기가 어렵게 되어있고, 복장이 불결하거나 얼굴 표정이 어두운 남성은 승진 레이스에서 밀려나는 경향이 있다.

사실 현재의 비즈니스 사회에서 제일선에 서서 엘리트 코스를 걷고 있는 남성들은 대체로 날씬한 체형을 갖고 시원스러운 몸매와 핸섬한 얼굴을 가진 멋진 남자들뿐이다. 이것은 당신의 주변을 살펴보더라도 금방 알 수 있으리라 생각된다. 그러니까 앞으로의 세상에서 일로 성공하기 위해서는 어쨌든 멋지고 핸섬하지 않으면 안 된다는 것이다.

여기서 생각나는 것은 비록 사람들이 자주 사용하는 '플레이어'라는 말이다. 대통령 선거에서 레이건이 먼데일에게 압승한 것도 그가 '플레이어'였기 때문이라고 종종 말해지고 있다. 이 '플레이어'라는 말이야 말로 남자의 성적 매력인 것이다.

이런 세계적인 풍조를 반영했는지 요즘은 쉐이프업 교실이나 남성 전용의 미용원, 헤어 살롱이 성황이라고 한다. '매력 있는 멋진 남성이 아니고는 안 된다'라는 것을 피부로 느끼고 있는 남자들이 늘어났기 때문이다.

이 책은 당신을 남성으로 더욱더 매력적인 존재로 변신시키기 위한 실용서이다. 잘 알겠지만 나는 복싱 평론가도 아니고 미용가도 아니다. 한 사람의 의사에 지나지 않는다. 그러니까 양복이나 헤어스타일을 이렇게 하라고 지도하는 것은 본분이 아닌 것을 잘 알고 있다.

그 대신에 최신의 미용의학의 입장에서 어떻게 하면 남자다운 핸섬한 얼굴이 될 수 있을까, 어떻게 하면 대머리의 머리를 부활할 수 있을까, 어떻게 하면 섹스를 강하게 할 수 있을까 등등 여러 가지에 걸쳐서 알고 있는 것을 전부 가르칠 작정이다.

그리한 멋지고 매력적인 남성이 아니고는 앞으로의 비즈니스 사회에서 성공하는 것이 어렵고, 물론 여성에게 접근하는 것도 어려움에 틀림없다.

이 책으로 당신이 일이나 여성도 완전히 정복할 수 있는 '남자 중의 남자'로 바꿔 거듭 태어나기를 기대한다.

교곤건(許根元)

프롤로그

끊임없이 변하는 성공자의 조건

　최근 비즈니스 사회에서 볼 수 있는 큰 특색은, 경영자의 교체가 연달아 일어난다는 것이다.

　경제계의 여기저기에서 젊음을 되찾는 일이 활발해져, 메이지(明治)·다이쇼(大正) 출생의 노(老)사장을 밀치고 쇼와(昭和) 출생의 사장이 점점 늘어나고 있다. 이 현상은 일본 경제계가 수뇌진(首腦陣)의 교체기에 접어든 것을 의미하고 있는 듯하다.

　그런데, 새롭게 상급관리직에 등장한 사람들의 사진을 보고는 곧 하나의 사실을 알 수 있었다. 그것은 작금의 새로운 경영자들이 모두가 다 잘생긴 얼굴과 날씬한 체형을 지닌 정말로 매력적인 멋있는 남자들 뿐이라는 것이다.

　이와 관련하여 생각나는 것은 미국의 경제계에서 자주 사용되는 피지컬·엘리트라는 말이다. 이 말이 널리 사용되게 된 것은 불과 5, 6년 전부터인 듯하다.

　육체적인(피지컬) 엘리트란 야무지고 보기 좋은 체형과 아름다운 용모의 소유자라는 의미일 것이다. 중년이 되어도 비만하지 않고, 꽉 차 있어 조붓한 듯한 몸을 유지할 수 있는 비즈니스맨에게는 처음부터 출세로의 길이 열려 있다는 것이다. 뒤룩뒤룩 살찐 남자는 자신의 건강관리도 마음대로 하지 못하는 '의지 박약자'로 간주되어, 관리직이 될 수 없을 뿐만 아니라 입사시험에 합격하는 것조차 어렵게 된 것이 현실이다.

햌섬하고 스마트한 남자가 계속해서 사장이 된다는 일본 비지니스 사회의 현상에는 이러한 미국의 피지컬 엘리트들의 활약이 투영되고 있는 것이 분명하다.

미국과 일본에서 공통적으로 나타나고 있는 미의식은 도대체 어떻게 생겨난 것일까?

그것은, 1980년대가 의(衣) 식(食)이 충분하여 예절과 미를 추구하는 시대로 되었기 때문일 것이다. 여성뿐만이 아니라 남성도 미를 추구하려는 '여유의 시대'에 돌입했다고 해도 좋다.

'80년대는 여자의 시대'라고 자주 일컬어지고 있다. 이 현대사회는, 여성을 제외하고는 아무 것도 말할 수 없게 되었다고도 말한다. 여성의 힘이 모든 면에서 세상을 리드하기 시작한 것이 1980년대부터이다.

오늘날 여성의 눈부신 사회진출에 대해서는 새삼스럽게 부언할 필요조차도 없다. 여성의 노동력은, 이미 현대의 경제사회에 있어서 필수불가결하다고 말할 수 있을 것이다. 덧붙여, 여성은 소비의 왕이기도 하다. 활동하는 힘의 눈부심과 동시에, 소비의 영역도 남성을 훨씬 능가하고 있는 것이다.

세상이 이렇게 변모하고 있는 이상, 남성은 이제 모든 면에서 여성을 무시할 수 없게 되었다. 그뿐 아니라, 조금이라도 여성에게 호감이 가도록 노력하지 않으면 안되는 시대가 된 것이다.

회사의 '얼굴'이라고 말할 수 있는 사장은 물론이고, 영업하는 사람처럼 외부와 접촉이 많은 직장의 남성들은 마땅히 호감이

가는 용모의 소유자가 요구되고 있다고 해도 과언이 아니다. 그렇지 않으면 비즈니스도 잘되지 않고, 필연적으로 사내(社內)에서의 승진도 어렵게 된 것이 현실인 것이다. 여성의 취향을 무시하면 좋을 것이 하나도 없는 시대이다. 현대란 이러한 시대이다.

이리하여 세상은 '아름다움의 전성기'가 되어 버린 것이다. 아름다워야 할 것은 여성뿐만이 아니라, 남성에게도 아름다움이 요구된 것이다.

그렇다면 이제부터의 남성은, 가능한 한 아름다워지도록 노력해야 한다. 그러나, 그것은 소위 '상냥한 미남자'가 되라는 것은 아닌 듯하다.

미국과 일본의 새로운 상급관리직에 있는 사람들에게 공통적으로 말할 수 있는 것은, 그들이 모든 여성에 대한 강렬한 성적매력(섹스어필)의 소유자라는 점이다. 못생기고 매력 없는 남자는 아무리 노력해도 결코 성공하지 못하는 사대가 된 것이다.

당신도 시대의 추세에 뒤떨어지지 않도록 깊이 명심해 주길 바란다. 이 책은, 이를 위해 여러 가지 노우하우를 최신 미용의학의 입장에서 설명한 것이다.

이 책은, 크게 나누어 2개 부분으로 되어 있다. 먼저 제1편에서는, 〈남성의 성적 매력이란 어떤 것인가〉에 대해서 많은 실례와 여성측의 증언을 예로 들어 철저하게 해명을 시도했다. 계속해서, 제2편에서는 〈어떻게 하면 섹시한 남성이 될 수 있을까〉에 대해서 구체적이고 실천적인 대책을 서술했다.

그러므로 이 한 권을 충분히 활용하면 당신도 틀림없이 매력이 넘치는 남성으로 변신할 것이다. 그것은 반드시 당신의 비즈니스에도 플러스가 될 것이다.

이 책은 현대를 살아가는 당신에게 있어서 무엇보다도 강력한
무기가 되어 줄 것이다.

제 1 편

성적 매력이 없는 남성은
성공하지 못한다

1

남성의 성적 매력이란 무엇인가

'상냥한 인텔리'로는 이제 통하지 않는다

"성적 에너지야 말로 인간의 활동력의 근본이다."
라고 말한 사람은, 유명한 심리학자인 프로이드이다.

나는 평소 '성적 매력'이란 말의 의미를 생각할 때 가장 어울리는 대체어는 '성적 에너지'가 아닐까 하고 생각한다.

남자라면 남자로서의 에너지, 생명력, 여자라면 여자로서의 에너지, 생명력이 그것이다. "남성의 성적 매력이란 무엇인가?"라고 사람들이 묻는다면, 나는 우선 이렇게 대답한다. "남성으로서의 강인함을 풍기는 것"

우선, 이것이 전제되어야 함은 틀림없는 사실이다. 남성의 성적 매력의 모든 것이 여기에 있지는 않지만, 그 근저에는 반드시 앞에서 예로 든 완플레이즈가 있는 것은 확실하다.

지난번에 어느 남성잡지에서 〈상냥하기만 한 남성은 왜 안되는가?〉라는 기사를 보았다. 이 기획은 오늘날의 풍조를 생각하면 매우 시의적절한 것이라고 생각한다.

요즈음 세상에서 상냥한 남성은 얼마든지 있다. 항상 여성에게 웃는 얼굴로 대하는 남성, 무엇이나 영합(迎合)하고 긍정하는 남성, 그럭저럭 성적도 좋고, 무난하여 특색이 없고 요령 있는 사람, "알았어, 알았어" 하고 말할 뿐, "당신, 그것은 틀렸어" 하고 여성에게 강력히 제기하지 않는 남성, 이렇게 부드러움만으로 일관하는 젊은 남성이, 이전에 비교하면 정말로 많아진 것이다.

가령 머리가 좋고 인텔리여도, "상냥하기만 한 남성에게는 '남성'을 느낄 수 없다"고 여성들은 이야기한다. 부드러운 것은 좋지만, 그 부드러움 뒤에는 '환영할 수 없는' 측면이 있다고 그녀들은 이구동성으로 이야기한다.

가로되, 우유부단, 믿음직스럽지 못함, 겁장이, 소심, 판단력의 흐리멍텅함, 참혹스러움, 사물에 대한 근시안적인 견해, 불안정함, 방황…… 이러한 경향 모두가 정말로 '비남성적'이라는 것이다.

나는 요즈음 젊은 여성의 대부분이 점차적으로 이 점에 눈을 돌려, 문제시한다는 사실에 쾌재를 부르고 싶다. 남성 본연의 모습이란 어떤 것인 가를, 그녀들은 직관적으로 알아내기 시작했기 때문이다.

남성의 성적 매력, 10가지 포인트

여성은 나이를 불문하고 성적 매력이 있는 남성을 추구하고 있다. 단지 부드럽기만 한 남성은 분명히 그 권외에 있는 것을,

여성들은 확신하기 시작했다. 이 경향에 대해서 "좋은 시대가 되었어"라고 당신은 생각하는가. 예스라면, 당신에게는 남성으로서의 타고난 기질이 있다고 나는 확신하고 싶다.

그렇지 않은 남성은 여성의 감상안(鑑賞眼), 심미안의 대상으로서라도 존재하지 않으면 안되는 시대가 된 것이다. 남성의 성적 매력을 발산하여 여성의 지지를 모으도록 노력해야만 하는 시대라고도 한다. 왜냐 하면, 1980 년대가 모든 면에서 여성주도형의 소비사회로서 힘차게 나아가고 있기 때문이다. 현대의 여성에게는 남성보다 더 큰 선택의 자유라는 것이 있고, 게다가 사회를 계속해서 움직이고 있는 남성에 대한 주문의 자유도 있다.

그렇다면 남성으로서는 참고 견디는 것 이외는 다른 길은 있을 수 없다. 여성의 기대에 최대한 응해서, 자신의 성적 매력을 더욱 연마할 것을 염두에 두지 않으면 안된다.

그럼, 남성의 성적 매력이란 도대체 구체적으로 어떤 요소에 의해서 성립할까. 여기서는 성적 매력의 요소에 대해서 깊이 파고들려고 한다. 이하는 내가 제창하는 〈남성의 성적매력, 10 가지 포인트〉이다. 이 10 가지 포인트의 조건을 당신이 모두 갖추고 있는 남성이라면 이제 더 이상 이 책을 읽을 필요가 없을지도 모른다.

첫째, 남성답게 핸섬할 것

아무리 머리가 트여, 일을 잘하는 남성이라도 외모가 좋지 못하면 여성을 얻기 어렵다. "남성은 얼굴이 아니라 마음이다, 인간으로서의 알맹이다"라는 말을 자주 듣지만, 여성에게 어필할 것을 전제로 한다면 '남성도 역시 얼굴'인 것이다.

그러나 당신이 용모수려한 미남일 필요는 없다. 여기서 말하는 핸섬한 남자란, 모든 미를 갖춘 미남이라는 의미는 아니다. 하물며, 흔히 말하는 '부드러운 남자'는 결코 아니다. 나름대로 눈·코·입이 남성적으로 강력한 데다가 지적이어서 어딘가가 사람의 주목을 끄는 듯한 포인트를 갖고 있는 것을 말한다.

그리스 신화의 아폴로와 같은 미남은 몇 천만 명에 하나 밖에 없다. 당신은 아폴로를 목표로 할 필요는 없는 것이다. 그러나 그대신에, 가능한 범위에서 자신의 얼굴을 조금이라도 핸섬에 가까워지도록 노력하지 않으면 안된다.

생기 있는 눈, 강한 의지를 나타내는 굵은 눈썹, 오똑 선 콧날, 꼭 다문 입술, 늠름한 턱…… 자신의 얼굴 중에서 이러한 요소가 몇 가지라도 있다면, 당신은 이미 핸섬하다고 할 수 있다. "음, 내게는 그 어느 것도 조금 부족하군" 하고 생각한다면, 그것을 보충해 주었으면 한다. 그 구체적인 노우하우에 대해서는 이 책의 제2편에서 차분히 가르쳐 주겠다.

둘째, 튼튼하고 쭉 뻗은 육체를 유지할 것

최근 미국의 비즈니스 사회에서는 비만한 남성이 상급관리직이 될 수 없다는 것은 이미 밝힌 대로이다. 뚱뚱하면 움직임이 둔하고, 영양과다로 성인병을 초래할 가능성이 매우 높다. "이렇게 뒤룩뒤룩 살이 쪄버리면, 이 남성은 얼마 안 있어 병원행이겠군" 하고 상관에게 찍히면 어떻게 되겠는가. 건강관리도 못하는 의지가 약한 남자라는 딱지가 붙어 출세길이 곧 막혀 버린다. 비즈니스맨으로서 낙제이며, 여성에게도 따돌림 받는다.

여성은 남자의 육체에서 강철 같은 강인함을 요구한다. 군살이 아닌 단단한 몸은, 포동포동하게 살이 오른 우미(優美)한 여체에 대극(對極)하여, 그야말로 여성들이 남성에게 요구해 마지않는 것이 아닐까.

남성은 예리하고 사납기를 원한다. 그리고, 가능하면 미적이길 원한다. 아마 전 세계의 모든 여성이 이렇게 바라고 있음에 틀림 없다. 정한(精悍)함을 느끼는 데는 군살 없는 몸매일 것이 필수조건이다. 아무리 용모가 뛰어나도 배가 뒤룩뒤룩 나와 있으면, 여성은 그 남성에게 결코 뜨거운 시선을 보내지 않을 것이다.

셋째, 적어도 5살은 젊어 보일 것

남녀를 불문하고, 실제의 연령보다 훨씬 젊어 보일 수 있는 것은 좋은 것이다.

그 젊음이란, 세포의 신진대사가 활발하다는 것을 나타내는 것으로, 그 사람이 얼마나 생동감 있게 활기 찬 매일을 살아가고 있는가를 나타내고 있다.

일반적으로, 외국과 일본에서도 가수, 탤런트들이 실제 나이보다 훨씬 젊어 보인다고 말하는 사람이 상당히 많다. "어, 저 가수가 정말 그렇게 나이가 많아!" 하고 실제의 나이를 안 순간, 깜짝 놀라는 일이 종종 있다.

옛날에, 헐리우드의 대스타였던 게리쿠퍼는 50대가 되어도 서부극의 주연을 계속했다. 실제 나이를 모르는 사람은 쿠퍼는 아직 30대라고 생각하고 있다고 한다.

일전에 〈내츄럴〉이라는 야구영화에서 대리거의 강타자역을 한 로버트 레드포드는 누가 보아도 고작 30대 중반이나 후반으로 보이는 젊음의 소유자이나, 실제로는 50세에 가깝다고 한다.

남성의 성적 매력의 조건에 '노성(老成)'이라는 말은 포함되지 않는다. "그가, 벌써 그렇게 나이먹었어, 멋있어" 하고 말하는 여성이 세상에 한 사람이라도 있을까. 결코 없다. 40대라도 30대로 보이는 젊음, 활력이 여자로 하여금 "멋있어!" 하고 말하게 한다.

젊어 보인다는 것은 단순히 외견상의 아름다움이란 한정되지 않는다. 그 남자의 뇌세포도 아직 신선하다는 것을 나타내고 있다. 두뇌의 회전도 실제 나이보다는 훨씬 젊음을 유지하고 있다고 생각해도 좋다. 그러므로 여성과 같이 자리에 있어도 기지가 풍부한 대화를 나눌 수 있다. 결과적으로 여성은 점점 그 남성에게 매료되어 버린다.

넷째, 섹스를 좋아하되, 능숙할 것

남성의 힘의 원천 가운데 하나로, 말할 것도 없이 성적 에너지를 들 수 있다. 성적 에너지가 매우 모자라는 남자가 직장에서 완전히 바뀌어서 강렬한 에너지를 낼 수 있을까. 있을 수 없다.

내가 아는 어떤 상사(商社)맨은, 이전은, 활동력 덩어리 같은 남성으로, 매우 열심히 일을 하면서 밤늦게 귀가하면 부인을 마구 깨워서 섹스를 요구하는 것이 다반사였다. 37세에는, 평균 주 3번씩 하였다. 그런데 몇 개월 전에 큰 실패를 한 것이 화근이 되어, 활력이 없어져, 올봄의 인사이동에 맨 먼저 영업부에서 음지(陰地)과라고도 할 만한 자료조사실로 좌천되었다.

귀가시간은 이전보다 4, 5시간이나 빨라졌지만, 부인과 느긋하게 섹스를 하는가 하면 완전히 정반대였다. 현재 그는 한 달에 한 번 정도밖에 부인을 안으려고 하지 않는다. 하고 싶어도 할 수 없다고 한다.

일 에너지와 섹스 에너지가 일맥상통하는 것을 이 이야기는 잘 나타내고 있지는 않을까.

일을 열심히 하여 "능력이 있다"고 평가되는 남성은 밤생활(night life)도 또 열심히 하는 것이다. 섹스를 좋아해서 그 횟수도 많다.

"섹스란, 남녀의 호르몬 윤활의 상호 향상운동이다"고 어느 생리학자가 말하고 있지만, 정말로 그대로이다. 섹스를 많이 하면 할수록 남성 호르몬은 체내를 힘차게 돌아 세포의 신진대사를 촉진하고, 건강과 활력을 산출한다. 그러므로 섹스를 좋아해서 점점 많이 하는 남성은 모든 면에서 활력이 있다. 그러한 활력에 넘친 남성이 여성에게 호감이 가지 않을 수 없다.

그러므로 "좋아서 하는 일이 곧 숙달하는 길이다"라는 말이 있듯이, 섹스의 기교가 능숙하다는 면도 여성을 사로잡을 수 있는 중요한 요소이다.

여성을 침대로 유혹하여, 그녀를 확실하게 황홀한 경지에 이르게 하는 성적 기량이 없으면 안된다. 그 테크닉을 지니는 것이 남자의 의무가 아닐까.

자주 여성과 자기 전에 정력증강제나 스태미너식을 하고 "좋아, 자자" 하고 의기왕성하게 되는 남자가 있지만, 이러한 스태미너 지향파와 테크닉파를 혼동해서는 안된다.

스태미너파는 대개 자기본위이며, 눈에 거슬릴 만큼 폭력적인 섹스를 하는 경향이 있다. 여성의 환희 정도를 세밀히 관찰하면서, 거기에 동조해서 자신도 고조되어 가려는 것이 테크닉파로, 그야말로 그녀에게 확실히 황홀감을 줄 수 있다. 당신도 섹스를 좋아한다면, 자신의 쾌락이나 스태미너만을 생각하지 말고, 그녀의 황홀감을 먼저 생각해 주길 바란다.

잠을 같이 잔 여성에게서, 정사 후에 "전혀 느끼지 못했어"라는 말을 들었다면, 당신은 '능력 있는 남자'와는 거리가 멀다고 자각해야 한다.

다섯째, 남성의 파워에 넘쳐 있을 것

남성이 지녀야 할 최대 조건은, 이 세상의 살벌한 생존경쟁에서 이겨낼 수 있는 강인함일 것이다.

고대 로마의 투사는 미인을 자신의 것으로 하기 위하여, 라이벌을 차례차례 때려눕히지 않으면 안되었다. 최후의 승자가 미인을 손에 넣을 수 있었다. 또 미인도 그러한 승자에게만 미소를 띄웠다.

이 도식은 현대에도 분명히 이어져 있다. 고도문명사회에서는 남성의 힘이란 격투능력이면서, 지력(知力)이며, 거기서 생겨나는 경제력일 것이다.

그래서 좀더 자세히 분석하면, 현대에 사는 '출세할 수 있는 사람'의 필수조건이란, 행동력과 침착성의 균형이다. 남성의 파워의 배후에는 이 균형이 잘 유지되어야 한다.

남성은 활동할 때에 민첩하게 움직여야만 되지만, 활동하지 않을 때에는 돌부처처럼 침착하게 있어야만 한다. 24시간 무턱대고 조급하게 일하고, 앉아서 쉴 때에도 눈은 두리번두리번, 발은 방정맞게 떨고, 손가락은 테이블을 똑똑 두드리는 남성에게는 손톱만큼도 매력을 느낄 수 없다.

내가 알고 있는 어느 중견기업에서는 입사시험의 2차로 면접을 행할 때, 그 젊은 사람이 어느 정도 냉정·침착한가를 보고 채용한다. 면접시험이란 매우 긴장을 요하는 것이다. 눈앞에 쭉 자리하고 있는 회사의 중역들에게, 조금도 주눅들지 않고 태연하게 있을 수 있는 젊은이가 있다면 매우 대단한 사람이다. 소심한 남자는 마치 바늘방석 위에 앉혀 놓은 듯한 것이다.

그런 중압을 가만히 가슴속에 눌러 놓고, 쭉 턱을 들고, 밝은 얼굴로 중역진의 질문에 대답해 간다. 이렇게 행동할 수 있고서야 비로소 "음, 이 남자는 장래성이 있다"라고 평가를 받을 수 있는 것이다. 결국 위기를 당해도 어느 정도 침착할 수 있는가로 그 남성의 기량은 결정된다고 할 수 있다.

그리고 행동력이란 것은, 이러한 침착성의 기반 위에서 비로소 발현되지 않을까. 가만히 팔짱을 끼고 오랜 시간 무언가를 골똘히 생각하고, 드디어 하나의 답이 나온다.

"좋아" 하고 용수철이 튀듯이 일어나, 돌변해서 재빨리 행동을 개시한다. 능력 있는 남성은 모두 이런 정(靜)과 동(動)의 결단력이 멋있는 것이다. 그야말로 힘이 생기는 것이다. 좋은 일이란, 정과 동의 균형 위에서 이루어진다는 것을 알아야 한다. 무턱대고 조급하게 움직이기만 하는 남자에게서 변변한 일을 할 수 있는 힘이 없다. 마찬가지로 으시대고 있을 뿐 움직이려고 하지 않는 게으른 남성에게도 좋은 일은 할 수 없다.

여성이 본 남성의 매력이란 점에서도, 침착성이 있고 없고가 큰 포인트이다. 내가 아는 27 살의 청년은, 지난번에 결혼한 지 3년 만에 부인과 합의이혼했다. 원인은 여러 가지가 있었지만, 그 중의 하나로 부인이 든 일상생활상에서 세세한 남편에 대한 혐오감이, 특히 나의 귀를 쫑긋 세우게 했다. "맨션의 식탁에서 마주하고 식사를 하고 있을 때 그는 언제나 매우 식사를 빨리 하며, 게다가 언제나 쩝쩝 소리를 내면서 먹는다. 3년이나 이런 생활이 계속되어서 이제 더 이상 참을 수가 없다."

여성은 함께 식사를 하면서 남성의 품성과 침착성을 가만히 관찰한 것이다. 어떻게 뭘 먹는가? — 이것도 남성에게는 중요한 것인 듯하다.

여섯째, '좋은 여자'를 아내나 혹은 연인으로 가지고 있을 것

옛날 '전력의 귀신'이라는 마쓰나가 안사에몬(松永安左衛門)은 살아 있을 때 자주 이런 이야기를 했다.

"바람 하나 제대로 피우지 못하고 매일 일찍 집에 돌아오는 남자는 쓸모없다. 좋은 일을 할 수 있는 활동력 있는 남성은 일 이외에 술도 마시고, 바람도 피운다. 남자란 그런 것이다"라고.

그는 다른 사람보다 3배나 일을 더 할 것을 모토로 하고, 9개의 전력회사를 설립했다. '실업계의 수퍼맨'인 마쓰나가씨는 또 여성에게도 강자(剛者)로 잘 알려져 있으며, 무수히 바람을 피웠지만 그야말로 인정 있는 애처가였다고도 한다.

"바람이란 게임이다. 결코 본심이 되지 않는 것이 기생놀이의 요점이다. 본심은 부인에게만."이라는 말에 그의 부인에 대한 마음이 잘 나타나 있다. 그러므로 남편의 바람을 인정하면서 마쓰나가 부인도 평생 마쓰나가씨를 사랑했다. "남편이 정말로 사랑하는 것은 아내인 자신뿐"이라는 확신이 있었기에, 남편의 많은 불행적(不行跡)도 너그럽게 봐주었던 것이다. 마쓰나가 부인이 얼마나 '좋은 여자'였는지는 이것만으로도 당신이 쉽게 상상할 수 있을 것이다.

나도 정말로 성적 매력이 있는 남성이란, 부인이나 연인으로부터 결코 싫어하지 않는 남성이 아닐까 생각한다.

자신의 부인이나 연인에게 호감이 가지 않는 남자가 어떻게 다른 여성에게 호감을 줄 수 있겠는가.

"부인은 이제 싫증났다. 좋아, 다른 데서 좋은 여자를 만들어 볼까?"

또는,

"결혼하자고 조르기 전에 이 여자와는 관계를 끊고 싶다. 더 좋은 여자를 찾아보자."

하고 생각하는 바람지향주의 남성에게, 나는 강력하게 이야기하고 싶다.

"부인, 연인에게 싫증났다고 하는 것은 상대방도 당신이라는 남자에게 싫증났다는 것이 대부분이다. 이런 타입의 남성에게는 남자로서의 매력 따위는 전혀 없어요" 하고.

기혼남자를 예로 들면, 정말로 매력 있는 남성이란 결혼생활이 깊으면 깊을수록 부인을 매혹해 가는 것이다. 왜냐 하면, 신중하게 일에 몰두하고 세태를 헤쳐 나가 필사적으로 살아 남으려는 남성에게는 반드시 내면적인 성장이 있고, 마음의 근심도 좋은 표정으로 외면에 나타난다. "이 사람, 요즈음에야 좋은 느낌이야" 하고, 새로운 이성을 보는 듯한 눈으로 은근히 남편을 칭찬한다.

"남성은 40세를 지나면 자신의 얼굴에 책임을 져야 한다"고 말한 것은 미국의 16대 대통령 링컨이며, "얼굴은 정신의 문이며, 그 초상이다"고 말한 것은 고대 로마의 철학자 키케로이다.

결혼한 지 십여 년이 지나 중년기를 맞게 된 남성은, 부인을 다시 반하게 해야 한다. 그리고 바람을 피우려면 능숙하게 해야 한다. 가령 다른 여체를 아무리 즐기려 하여도 정말로 좋은 상대인 부인을 제쳐 두고는 다른 데서 찾을 수 없다고 깨닫는 것이다.

또 당신이 독신자라도, 당신이 매력적인 남성이라면 반드시

'괜찮은 여자'를 애인으로 두었을 것이다. 왜냐 하면, 당신이 매력적인 인간이기에, 그녀 자신도 당신과의 교제를 통해서 점점 '괜찮은 여자'로 바뀌어 가기 때문이다. 그것이 가능하지 않다면 남자로서의 자격이 부족하다고 단언해도 좋다.

일곱째, 일을 척척 처리해 나가는 유능한 남자일 것

일을 척척 잘 처리해 나가는 데는 당연히 뇌세포가 평범해서는 안된다. 현대와 같이 빈틈없이 관리화된 고도사회 속에서 살아남는 데는 지력(知力) 이상의 강력한 무기는 없다고 말할 수 있을 것이다.

바야흐로 세계 어느 곳에서나 매일 남성 사회의 수라장이 전개되어 있지만, 거기서 패배하지 않기 위한 대책은 단 한 가지, 다른 사람보다 조금이라도 더 잘 뇌세포를 쥐어짜는 것 외에는 없다.

유능한 남성은, 다시 말해 머리가 트인 남자라는 것이다. 그야말로 현대 남성이 지녀야 할 커다란 매력의 하나라고 생각한다. 임기응변의 대응력, 좋은 느낌의 목소리, 때리면 울리는 빠른 머리의 회전, 명쾌한 논리 구축력, 선견지명, 기획력, 설득력…… 이 모든 것들이 비지니스 전사를 강하게 끌어올리는 남자의 필수 무기라는 것을 알아야 한다.

그리고 또한, 이런 머리가 트인 남자는 농담이나 재치로 여성을 즐겁게 해줄 줄도 알고 있어 그야말로 여성에게 인기 있는 것이다.

"중년의 중후한 남성이 좋아" 하고 젊은 여성이 잘 이야기한다. 그녀들은 왜 20 대의 멋진 남성을 밀어젖히고, 30 이 지난 아저

씨를 좋아하는가?

그것은 화제가 풍부함과 동시에 농담을 잘하기 때문이다. 여성과 함께 식사를 하거나 술을 마시거나 했을 때, 농담이나 유머가 풍부한 대화로 이끌어서 여러 가지로 서비스를 해주기 때문이다.

"이야기를 재미있게 잘하는 남성은 멋있어" 하고 자주 여성이 이야기하는 것은, 그 재미있는 이야기 뒷면에 보일 듯 말 듯한 남자의 뇌세포의 늠름함, 질 좋은 매력을 기억하는 것 외에는 없다. 센스 있는 농담을 연발할 수 있는 것은 머리가 좋은 증거이다. 그리고 농담으로 여성을 즐겁게 해주는 서비스 정신은, 상대방에 대한 배려가 그만큼 있기 때문이다. 이런 남성에게 여자가 끌리지 않을 리가 없다.

현재 텔레비전의 연예인으로 인기 절정인 타모리는 몇 년 전에 텔레비전에 처음 나왔을 때는 바스트 탤런트로 여성들이 까닭없이 싫어했다. "아니, 저 이상한 선글라스를 쓴 남자, 이상한 짓만 하고, 웬지 정체를 알 수 없군" 하고 말했던 것이다.

그러던 그가 지금은 세련된 코미디언으로 많은 여성들에게 '멋있는 타모리'라고 뜨거운 지지를 받고 있다. 프로그램마다 보이는 그 샤프한 두뇌에 어느 사이엔가 끌려 버리고 만 듯하다.

이 타모리와 쌍벽을 이루는 비트다케시도 열광적인 많은 여성 팬을 가지고 있다. 그 매력도 또한 즉시 즉시 터져나오는 빠른 머리 회전에 있다. 여성은 그 재치 있는 독설에 절반은 얼굴을 찌푸려도, 절반은 민완가의 박력을 느껴 무심코 뜨거운 눈길을 보내는 듯하다. "나는 옛날부터 사람을 웃기는 것이 좋아. 하지만 다른 사람으로부터 웃겨지는 것이 매우 싫어" 하고 말할 때의 그는 단지 코미디언이 아니다. 높은 긍지를 가진 연예인으로 어딘지 모르게 진지한 얼굴이 있을 뿐이다.

이처럼 오늘날은 연예인이라도 머리가 트인 맛이 최대의 무기이다. 여성에게 "멋있어" 하고 생각되지 않으면 코미디언으로도 인기를 끌 수 없는 것이다.

그런데 머리가 트여서 일을 잘하고, 농담이나 재치가 있는데다 여성을 끄는 매력이 있는 남성에게는 또 다른 하나의 측면이 있다.

그것은 결코 말이 지나치다는 면이다. "떠벌거리는 남자는 싫어" 하고 여성들은 입을 모아 이야기한다. 왜 싫은가 하면, 실제로 알맹이가 별로 없다고 생각하기 때문이라고 한다.

사실, 쉴 새 없이 지껄이는 듯한 남성은 아무래도 경거망동한 느낌을 사람들에게 주는 경우가 많다. 마치 기관총처럼 연속적으로 말하기 때문에 그 한마디 한마디에서 무게를 느낄 수 없기 때문이다. 우리들이 하는 말이란, 뇌세포에서 성대에 이르기까지의 과정에서 그 사고가 제법 선별된 결과, 요점 하나하나로서 음성화되어 나온 것이다. 꽤 머리 회전이 빠른 사람이라면 가려서 선별하는 방법을 항상 염두에 두어야 한다. 따라서 그 한마디 한마디가 착실한 효과를 발휘한다. 기관총이 아니라, 라이플총(소총)의 위력이다.

"서투른 총도 몇 방 쏘면 맞는다"고 한다. 수다쟁이는 그것을 기대하여, 단지 마구 입을 놀리는데 지나지 않는다. 그리고, 그런 '서투른 사수'를 여성이 싫어하는 것은 그녀 자신이 그 사수의 저변의 천박함을 알고 있기 때문이 아닐까.

즉, 이것은 "여자다운 남자는 싫다"라는 것과 같은 이유인 것이다. 여자는 남자를 자기 이상의 존재로 보고 싶어한다. 여성과 동등하다는 것은 허용하기 어려운 것이다.

여성은 남성에게 자신들보다 한 단계 높길 원한다. 왜냐 하면, 동서고금을 막론하고 여자는 남자에게 의존해서 살아온 생물체이기 때문이다.

지난번 미국에서 베스트셀러가 되어 일본에서도 번역본이 많이 팔린 《신데렐라 콤플렉스》라는 책은 '여자의 의존심' 을 끝까지 파헤친 책이었다. 여성의 권리의식이 고조되어, 여성상위라는 소리마저 들리는 이 현대에 있어서도 여성 속에 잠재되어 있는 남성에의 의존심은 씻기 어려운 것으로 확실히 존재한다는 것이다. 그리고 이 의존심이 없어지지 않는 한 진실로 여성주도사회는 오지 않는다는 것이다.

신데렐라 콤플렉스가 있는 한, 여자는 속에 무언가를 감춰 놓아, 강한 신념을 느낄 수 있는 과묵한 남자를 좋아하지 않을까. 의존할 가치가 있는 듯한, 힘에 넘친 남성이 아니면 성적 매력을 느끼지 않는 것은 아닐까.

여덟째, 노름꾼일 것

남자란 동서고금을 막론하고 자기 자신의 투쟁본능을 만족시키기 위하여 살아가는 동물이다. 이것은 습성이 아니라, 수컷으로서 지니고 태어난 본능이므로, 전쟁 없는 평화스러운 시대에 살아가도 반드시 무언가의 승부에 피를 흘리지 않고는 있을 수 없다.

그래서, 경마·경륜(競輪)·경정(競艇)과 같은 도박에 눈빛을 바꾸는 남자들이 끊이지 않고, 마작을 매우 좋아하는 남자들이 많은 것도 당연한 이치가 되는 셈이다.

그리고, 여성의 눈으로 보면 남성적인 매력을 느끼는 노름꾼에게는 반드시 일정한 타입이 있는 듯하다. 간단하게 이야기하면, 실수 없이, 파탄 없이 승부를 진척시키는 남자보다도 풍파가 있어도 호방한 승부를 하는 남자쪽이 훨씬 성적 매력을 느낀다고 한다.

예를 들어, 마작 이야기를 해보자. 나도 마작을 좋아하여 자주 자리를 같이하지만, 마작이란 실로 잘 이루어진 지력(知力)의 경기이며, 서로의 운을 빼앗는 게임이다. 그리고 도박하는 한 사람 한 사람의 개성이 정말로 선명하게 드러나는 점에서도 흥미진진하다. 하나의 인생경기와 같은 것이라고 해도 좋을 것이다.

마작 친구 중에 좋은 대조를 이루는 두 남자가 있다. 40대 중반으로 부드러운 느낌의 변호사인 S 씨, 30대 후반의 마르고 샤프한 모 수퍼마켓의 사장인 F 씨이다.

이 두사람은 모두 15년 이상이나 되는 마작 베테랑급이었으나 그 하는 방법은 완전히 달랐다.

S 씨는 테크닉 지상형으로 상대방의 수중을 완전히 독파하고

흔들어 넣지 않는 것을 신조로 하고 있어서, 결코 큰 실패는 하지 않는 대신에 큰 승리를 하는 경우도 없다. 그에 반해서 F 씨는 파우어형으로 자신이 만든 수를 관철시키는 것을 좋아하고 약간의 장애 따위는 기를 쓰고 덤벼서 빠져 나가려고 한다. 그래서 때에 따라서는 참패하는 경우도 있지만, 한번 큰 것이 걸려 들면 굉장한 힘을 발휘한다.

그런데 이 두 사람과 가끔 자리를 같이하는 여자 마작꾼이 있다. 그녀가 두 사람을 어떻게 보고 있느냐 하면 "남성으로서는 F 씨쪽이 단연 매력을 느낀다"라는 것이다.

모든 일에 "돌다리도 두들겨 보고 건너라"고 S 씨는 전체적으로는 F 씨보다 훨씬 플러스의 전적을 자랑한다. 모든 점에서 실수가 없고 끈질기며 방치되어도 가능한 최소한의 마이너스에 멈추도록 하는 명마작꾼이지만, 그래도 "S 씨의 방법에는 남성으로서 끌리는 매력이 그다지 없어" 하고 그 여성은 말한다.

반대로, F 씨의 방법에는 승패의 진폭이 크고, 불안정한 요소가 가득 찬 행방이지만 이 때다 하는 공격의 강력함, 쌀쌀함에 남성이 지녀야 할 파워플한 생명력을 느낀다고 한다. 그것이 그녀를 꼼짝 못하게 하는 듯하다.

결국 남성의 매력은 균형보다도 힘이 아닐까. 실수 없이 완벽하게 갖춰진 남성보다도 완전히 갖춰져 있지는 않지만 호방한 남성쪽에 여성은 끌린다고 생각해도 좋다.

이것은 놀이로서의 도박뿐만 아니라, 직장에서도 마찬가지다. 예를 들면, 눈앞에 커다란 시장 확장의 찬스가 있다고 하자. 이것을 확보하는 데는 거액의 자금이 필요하지만, 성공하면 굉장한 이윤이 굴러들어 온다. 하지만 자금을 쏟아 놓고도 성공한다는

보장은 아무 것도 없다. 찬스는 살리고 싶지만 실패하면 위험도
크다. 자, 어떻게 할 것인가?

　이것이야말로 일에 있어서 도박인 것이다. 돌다리를 두들겨
보고 나서 건너는 것을 그만둘까. 에이 배짱 있게 건너 버릴까.

　이럴 때, 여성이 뜨거운 눈길을 보내는 것은 배짱 있게 승부에
나서는 남성쪽이다. 이렇게 되면 이유는 없다. "이런 남자, 얼마나
남자다울까!" 하고 여성의 가슴을 뜨겁게 하는 기분, 단지 그것뿐
이다. 미련 없이 깨끗한 도박꾼으로서의 측면, 이것도 남성의 성적
매력의 하나인 것은 틀림없는 사실이다.

아홉째, 씩씩함과 다정함을 함께 지니고 있을 것

　미국의 하드보일드 작가로서 인기를 독차지한 레이몬드 찬드라를 당신은 알고 있겠지요? 그의 소설의 주인공인 사립탐정 필립 말로는, 영화에서 햄플리 보가드가 분장한 것으로 점점 인기가 높아졌지만, 그 대사도 일품이었다. 필립 말로가 어떤 사건의 와중에서 한 명의 미녀와 우연히 만나 어느 사이에 사랑하게 된다. 그녀는 말로에게 이렇게 말한다.

　"당신이라는 남자는 참으로…… 그렇게도 완강한데 어떻게 이렇게 다정하지요?"

　말로는 그녀의 질문에 이렇게 대답했다.

　"남자는 완강하지 않으면 살아갈 수 없고, 다정하지 않으면 살아갈 자격이 없어."

　어떻습니까. 이렇게 멋진 대사를, 누구나 다 쉽게 이야기할 수 있는 것은 아니다.

　나는 이것을 남성의 전형적인 성적 매력의 하나로 보고 싶다. 강한 것이 남성이다. 그러나 단지 강한 것만이 남성의 조건은 아니다. 전 여성이 프로 레슬러의 세계 참피언에게 반할까. 대답은 아마 노우쪽이 더 많을 것이다. 무턱대고 용맹스럽기만 하고 험상궂은 남성은 여성에게 외면당하는 것이 뻔하다. 그렇다고 해서 약한 남성을 여자는 절대로 좋아하지 않는다.

　프로 야구의 세계에서 전후 최대의 선수로 불리는 남성은 '미스터 자이언트' 나가시마 시게오(長島茂雄)이다. 그는 말할 것도 없이 야구선수로서 정말로 강했다. 데뷔한 해에 홈런왕, 타점왕, 타율은 아깝게도 한신(阪神)의 다미야 코지로(田宮講次郎)에 다음

가는 제 2 위였지만, 입단 일년 만에 3 관왕을 눈앞에 둔 남성은
이후에도 이전에도 이 나가시마 밖에 없었다. 이후 세 서즌에서
그의 활약은 마치 귀신 같았다. 3 년 연속해서 수석타자, 그리고
3 년째는 다시 홈런왕, 거듭 3 관왕을 눈앞에 두었다.

이렇게 굉장한 나가시마에게 여성팬이 압도적으로 많았던 것은
그 타율, 홈런수, 그리고 명(名) 3 루수로서 뛰어난 수비 등의
활약 탓일까. 아니, 그렇지만은 않다. 여성은 그런 점을 크게 보지
않는다.

나가시마의 강인함 뒤에 있는 정말로 다정한 인간미 완강한
남성이 휙 반전했을 때에 보이는 믿을 수 없는 듯한 부드러운
개성에 여성들은 끌리는 것이다.

그 증거로, 같은 자이언트 구단의 대스타 왕정치(王貞治)의
여성인기와 비교해 보면 된다. 홈런수, 3 관왕을 2 번에 걸쳐 획득
했다는 경이적인 실적에 비해, 여성팬의 인기가 현재와 같았던
것은 왕정치(王貞治)가 강한 이면 또한 강했기 때문이다. 그에게
는 나가시마와 같이 반전했을 때 의외감이라는 것이 적었다. 이것
은 감독으로서의 현재도 같다. 그는 이미지적으로 말해 겉과 속이
똑같았던 것이다.

겉은 강한데 비해 그 뒷면이 부드러우므로 여성들은 끌린다.
그 의미로 나가시마의 성적 매력은 "영원히 불멸하다"고 말할
수 있을지도 모른다.

열째, 주법(酒法)을 알고 있을 것

"저 사람, 매우 매력 있군" 하고 여성들이 말하는 남성은 술을

마셔도 심오한 경지에 이른 정확한 주법이 가능한 남자인 경우가 많다.

우선, 꽤 술이 강하다. 그리고, 술 마시는 모습이 보기 좋다. 그러나 결코 무턱대고 마시지는 않는다. 그러므로 고주망태가 되어 추태를 보이는 일이 없는 그야말로 주품(酒品)이 좋다.

튼튼함을 믿고 벌컥벌컥 들이키는 남성은 어느 사이엔가 반드시 술에 취해 본성을 잃어버린다. 아무리 알콜에 강한 체질이어도, 인간은 살아 있는 동물로 술이 과하게 되면 주정한다. 그리고 다음날은 지옥 같은 숙취가 반드시 기다리고 있다.

"숙취는 본인만 괴로울 뿐으로 결국 자신이 뿌린 씨앗, 다른 사람에게 피해를 주지 않는 한 상관없지 않을까……?"

하고 말하는 사람도 있지만, 실은 그렇지 않다. 숙취의 결점은 다음날 일에 큰 지장이 있다는 것이다. 그리고, 일이란 것은 거의 대부분이 자기 한 사람만이 아니라 타인과의 협조에 의해서 행해지는 것이기 때문에 결과적으로 다른 사람에게 피해를 주는 것이다.

'능력 있는 남자'라고 불리는 비즈니스맨은, 가령 매일 밤 술을 마셔도 열심히 일하는 데에 지장을 주지 않는 것이 기본자세인 것을 당신은 알 수 있을는지!

그렇지만 술을 마시면 누구나 취한다. 마시면 기분이 좋아져서 어느새 또 한잔 하게 된다. 술에 브레이크 거는 것이 매우 어려운 것은 사실이다. 그러나 그 어려운 일을 감히 하려고 하는 마음이야말로 좋은 일을 다음날까지 이어지게 하는 요령이다. 항상 좋은 일을 할 것을 목표로 하는 남성은 이 딜레마를 뛰어넘는 남성이 아닐까!

2
여성을 정복하는 남성은 일도 정복한다

일과 여성은 공통된 점이 많다

고등학교 친구로 현재는 모 상사의 인사과장으로 있는 사람이 있다. 지난번에 3년 만에 대작할 때 그는 나에게 자기 회사 이야기를 했다.

"우리 회사에도 오피스 러브(office love)를 하는 남자가 있는데 일도 잘해서 정말로 놀랐어."

나는 순간 말이 막혔지만, 곰곰이 생각해본 다음에 다음과 같이 이야기했다.

"음, 보통 이미지라면 샐러리맨으로 여자버릇이 좋지 않는 녀석이란 일도 적당히 하지 않을까?"

"아니야, 그렇지 않아."

친구는 나의 말을 가로막고 계속 이야기했다.

"여자버릇이 나쁘다고 해서 곧 탄로날 사내(社內) 정사를 하는 녀석은 분명히 일도 엉망이고, 비즈니스맨으로는 낙제감이야.

내가 탄복하고 있는 그 남성은, 빈번히 사내 정사를 해도 거의 모든 사원에게 들키지 않고 해내고 있어. 내가 그의 행동을 알고 있는 것은 허물없는 동기 입사친구 덕분이야. 아마 나 외에 어느 누구도 모를꺼야."

지금부터 이 친구가 주장하는 "여자에게 강한 남자는 일에도 강하다"라는 설을 요약해 보자.

여자를 잘 구슬려서 멋지게 함락시키는데는 상대방의 마음을 움직이는 힘이 필요하다. 입담이 좋은 사람은 상대방의 마음을 정확하게 추측하여 자신의 태도를 결정하고 어느 사이에 자신의 테두리로 상대방을 끌어들일 수 있는 사람이다. 이것은 일에 있어서도 마찬가지가 아닐까.

우선, 상대방의 마음을 읽고 무엇을 원하고 있는가를 알아낸다. 이 통찰력이 부족하면 상담(商談)이나 세일도 잘 못한다.

그리고, 사람의 마음을 움직이는데는 열의와, 성의, 그것을 잘 표현할 수 있는 화술이 있어야 한다. 입담이 좋다는 것은 열의 플러스 화술의 균형이 맞는 남자로, 입만으로는 총명한 여성을 함락시킬 수 없다. 일도 마찬가지이다. 민완가는 지성과 화술 이외에 반드시 "이 일은 절대로 한다"라는 다른 사람보다 2배의 열의를 가지고 있다.

다시 말하면, 여성을 정복할 수 있는 남성은 일도 정복한다.

여성을 설득할 수 없는 남성은 일도 제대로 할 수 없다

어느 외자계(外資系) 출판사의 신입사원연수에서, 마지막 날에 이런 테마가 나와, 햇병아리들의 눈을 휘둥그렇게 한 적이 있었다.

"지금부터 3시간 이내에 거리에서 여성을 헌팅해서, 여기까지 데려오도록." '지령'이 떨어진 것은 오후 5시였다.

그 회사는 아카사카의 다메이께(溜池)에 있다. 연수를 받고 있는 신입사원은 전부 17명이었지만, 정확히 3시간 후인 저녁 8시에 의기양양하게 헌팅해서 회사로 데려온 사람은 불과 4명밖에 없었다. 물론 연인을 거짓으로 내세운 것 등의 속임수는 허용하지 않았다.

이 외자계 출판사가 왜 이런 테스트를 한 것일까? 그것은 백과사전의 가두 세일에 힘을 기울이고 있었기 때문이다. 지나가는 사람을 멈춰 세우고, 2분 이내에 상대방의 마음을 움직여 다방으로 데리고 가서 본격적인 세일 활동을 한다. 이런 일을 적극적으로 해나가는 데는 우선, 거리에서 여성에게 말을 걸 수 있는 용기가, 다음으로 설득할 수 있는 열의와 테크닉이 필요한 것이다.

그런데 연수에 합격한 4명은 그 후 어떤 사원이 되었을까. 각각 타고난 활동력과 빈틈 없는 성질을 발휘시켜 세일 실적을 쌓아가, 선배 세일즈맨에게 지지 않는 자세로 막대 그래프를 쑥쑥 뻗어 갔다고 한다.

여기서도 "여성에게 강한 남성은 일에도 강하다"는 것이 보기 좋게 증명된 셈이다. 즉, 이것을 반대로 이야기하면 "한 명의 여성을 설득하지 못하는 남성은 제대로 일하지 못한다"라는 것이다.

6개월 전, 나의 진료소에 포경수술을 받으러 왔던 31세의 독신 남성은 "매우 여성을 좋아하지만 지금까지 한번도 특정인에게 도전한 적은 없습니다" 하고 말했다. 그 연약한 눈매, 어설픈 태도, 언행은 일하는 면에서도 매우 활동력이 결여되어 있는 것을 말하고 있는 것처럼 내 눈에는 비쳤던 것이다.

남자로 태어났으면 적극 과감하게 여성에게 접근해도 좋다고 생각한다. '부딪쳐 깨지자'라는 마음가짐으로 나아가야 하지 않을까. 모든 것은 거기서 알 수 있다. 여성에 대해서 전혀 배짱 없는 남성이 일하는 면에서 발군의 업적을 쌓는다는 것은 보기 드문 경우라고 해도 좋을 것이다.

신비스런 남성일수록 여성과 일에도 강하다

"좀 신비스런 남자가 좋아."

젊은 여성 중에 이렇게 말하는 사람이 꽤 있다. 신비스럽다는 것은 마음속을 좀처럼 열어 보이지 않는다는 것이다.

이렇게 좀 신비스런 남자란 여성에게 인기 있는 동시에 일도 잘하는 경우가 많다. 왜냐 하면 그것은 남성의 일을 생각해 보면 쉽게 알 수 있다.

노동력이 주된 블루 칼라라면 모르지만, 섬세한 두뇌와 배려로 승부가 결정되는 화이트 칼라의 일은 대부분 복잡하고, 보통 방법으로는 안되는 것이 많다. 남자와 남자가 일에서 맞부딪치는 데에도 얼굴색을 읽고 마음을 떠보는 일이 필요하며, 거기서 무표정을 가장한 얼굴이나 무언의 태도라는 고도한 정신예술까지 나온다.

그러므로, 단지 활동력만이 장점으로 생각하는 외곬인 남성은 비즈니스 전선에서는 매우 빨리 당해서 재기불능의 정도로 대패하는 것이 통례이다. 정신적으로 심호한 남성이 아니면 총탄 사이를 빠져 나가 살아 남기는 어려울 것 같다. 그런 남성이 지닌 심오함, 복잡함이 비즈니스 세계에서 이겨내는 하나의 무기가 된다. 속을 쉽게 보이는 남성은 누구에게라도 무시당한다.

이전에 나의 진료실에서 간호원으로 근무했던 S 양이 "선생님, 지금 제가 사랑에 빠졌습니다" 하고 눈동자를 반짝이며 고백한 적이 있었다.

잘 다니는 가게에서 서로 알게 된 20 대 후반의 남성이라 한다. 준수한 용모에, 더 매력적인 것은 풍부한 화제와 빠른 두뇌회전으로 2 번의 데이트로 완전히 반해 버렸다고 S 양은 이야기했다.

"뭐랄까…… 머리에 여러 개의 생각을 가지고 있어요. 이전 데이트에서 4 시간 동안 여러 가지 이야기를 해서 이 사람의 모든 생각은 다 알았다고 생각해도 다음 데이트에서는 또 다른 몇 개의 생각이 나옵니다. 이 사람의 속이 얼마나 깊을까 완전히 감동해 사랑의 불이 되어 버렸어요…… 아아 이런 남성은 정말로 근사해요."

그 청년은 일류 기업의 팔팔한 정보맨으로 같이 입사한 동기생을 누르고 계장으로 승진한 민완가였다고 한다. 좀처럼 속을 보이지 않는 심오한 정신의 소유자도 또한 일을 휘어잡는 듯하다. 여성을 휘어잡는 것과 마찬가지로.

재빠르게 기회를 보라

자, 좀더 구체적으로 여성과 일의 공통점을 찾아보자.

첫째로 들 수 있는 것은 시간이다. 예를 들어 당신이 어떤 여성에게 접근하여 무사히 데이트로까지 골인했다고 하자. 오후에 공원에서 만나 그 주위를 산보한다. 다음에, 레스토랑에 들어가서 식사를 하면서 와인을 조금 마신다. 두 사람의 기분이 슬그머니 풀려서 술집으로 간다. 여기서 가볍게 술을 두 잔 정도 마시면 꽤 무드가 고조되어 간다. 자, 찬스가 왔다. 서서히 당신은 그녀의 귀에 입술을 대고 "이전부터 당신이 좋았어" 하고 속삭인다. 알콜 기운으로 어렴풋이 복숭아색으로 물들어 있는 그녀의 얼굴은 한층 달아오른다.

이렇게 잘 되어갈지 어쩔지는 알 수 없지만 이것이 타임이라는 것이다.

일에는 순서가 있다. 그리고 상대방의 핵심을 찌르는 데는 타임이 필요하다. 공원에서 만나서 10분이 지나기 전에 갑자기 사랑한다는 말을 속삭이면 여성은 다만 어리둥절할 뿐이다.

또 아무리 술집으로 자리를 옮겨서 핵심을 찌르는 말을 던져도 장면 선택을 잘못했다면 효과는 썰물처럼 사라져 버린다.

예를 들면, 기분 좋은 취기가 돌아왔을 때 자리에서 일어나며 그녀를 댄스로 유혹한다. 천천히 스텝을 밟으며 당신은 사랑의 고백을 어떻게 꺼낼까 고민하지만, 결국 아무래도 결단이 나지 않아 당황하여 자리로 되돌아오게 된다.

그리고 당신은 조급하여 가게를 나오자마자 드디어 대망의 말을 속삭인다. 그녀는 기뻐하며 그 말을 받아들일까?

대답은 노우임에 틀림없을 것이다. 쉽사리 시간을 놓쳐 버린 당신을 비웃듯이 노탱큐의 의사표시를 할 것이다.

그녀는 당신과 춤을 추고 있을 때에 바로 달콤한 말로 귓가에서 속삭여 줄 것을 기대하고 있었던 것이다. 그런데 끝까지 이렇다 저렇다 하는 말도 없다. 그녀의 마음은 이것으로 급속히 식어버렸다. 한번 놓쳐 버린 시간은 나중에 되찾기는 매우 어렵다는 것을 알아야 한다.

일도 이것과 마찬가지라고 말할 수 있지 않을까. 회의에서, 자기가 세워 둔 계획을 어느 시점에서 어떤 식으로 꺼내야만 하는가. 상담(商談)에서 이쪽에서의 더 중요한 신청을 언제 이야기하면 좋을까. 세일할 때에 가장 최후의 수단이 되는 결정적인 말을 언제 하면 최대의 효과가 나는가. 아무리 뛰어난 말이나 아이디어라 해도 시간이 지나 버리면 곧 퇴색해 버리는 것이다.

민첩하게 기회를 보는 남성은 반드시 괜찮은 일을 한다. 그리고, 반드시 멋진 여성을 설득할 수 있다.

멋진 행동이 좋은 결과를 낳는다

자, 여성과 일의 두 번째의 공통점은 멋진 행동을 하는 것이다. 예를 들면 이 분주한 현대사회에서 커뮤니케이션의 최고의 무기인 전화를 얼마나 잘 활용하는가. 이것을 정확히 알고 있는 남성일수록 비즈니스를 잘하는 법이다.

또한 '민완가다운 상사맨'으로 명성을 떨친 일본상사 이와이도 (岩井)의 본래 부사장인 유미베부 하치로(海部八郎) 씨는 전화의 명인으로 알려져 있다. 이 사람의 하루 집무의 대부분은 전화를 거는 데 소비한다고 한다. "유미베씨의 손가락에는 '전화 못'이 박혀 있지 않을까" 하고 말할 정도다.

비즈니스라는 것은 상대방 거래처와 한번 만난 것만으로 쉽게 일이 진행되지는 않는다. 사전에 요점을 상의하고 사후에도 추가의 상의 따위가 들어가는 것은 상식이며, 또 보다 부드럽고 정확하게 비즈니스를 하려는 남성이라면 몇 번이나 거듭 의사전달을 상대방에게 시도하려고 한다. 거기서 좋은 방법은 정중하게 전화를 거는 것이다. 잠자코 기다리고 있기만 한다면 아무 일도 진전되지 않는다.

어느 자동차 판매회사의 영업부장은 아침 9시부터 오후 5시까지 대충 80번 정도 전화를 건다고 한다. 이 중에서 50번 정도는 고객에 대해서이다. 판매한 차에 그 후의 문제는 없는가, 교환할 시기에 이른 고객에게는 어떤 차로 바꾸는 것이 가장 좋은지, 그리고, 고객 가족의 생일에는 전화로 미리 축하의 말을 하고 곧 꽃다발을 보내고, 가족의 누군가가 상처나 병으로 병원에 입원해 있다면 위로의 말을 하고서 곧 병원으로 간다.

이런 배려를 진정으로 행함으로써 고객과의 관계를 단단하게 연결하여서 다음 세일 활동을 확실하게 해간다. 전화로의 대수롭지 않은 의사전달을 소홀히 하는 비지니스맨을 결코 성과를 올릴 수 없을 것이다.

이 전화 이용술은 여성에게 대해서도 효과를 나타내는 경우가 많다. 어떤 여성을 설득하려고 해서 10일에 한번은 데이트를 하는 남성이 있다. 여성쪽도 그때마다 데이트에 응해 주는 정도여서 그다지 싫지는 않는 듯하다. 그러나 그의 유혹에 전혀 타오르지 않는다. 혹서 남자의 태도에 문제기 있지 않을까.

그는 "10일에 한번은 만나니까……" 하고, 나머지 9일은 그녀가 어떻게 지내고 있는가 전혀 알려고 하지 않았던 것이다. 사실은 여기에 개량의 여지가 있다.

여성은 싫어하지 않는 남성에게서 전화를 받으면 그것만으로 가슴이 뛴다. 시종 자신의 일을 마음에 두고, 진실로 무언가의 행동을 해줄 남자를 좋게 생각하는 것이다. 가령 일정한 간격으로 만나고 있어도 만나지 않은 날에는 전화를 걸어 준다. 그런 마음 씀씀이가 언젠가는 당신을 승리자로 만드는 커다란 요인이 되는 것을 알아두면 좋을 것이다.

결단력이 없는 남자는 안된다

세 번째 공통점은 "강한 주장을 갖는다"는 것이다.

비즈니스 세계에서 "저 녀석은 민완가"라는 평판을 듣는 남성은 대개 강한 개성의 소유자이다. 우선 결단력이 뛰어난다. 다음으로 주도권을 잡는 방법이 뛰어난다. 그리고 교섭력에 뛰어난다.

예를 들면, 판매회의에서 부장이 동등한 부하 3명에게 판매전략의 아이디어를 듣는다. 세 사람 모두 나름대로 의견을 내서 딱히 '뛰어나다'라고 선택하기 어려울 정도로 각각 장점을 지니고 있다. 그런데 어느 안을 채용할 것인가?

이 때, 문제를 던진 부장에게 뭔가의 강렬한 행동을 하는 부하가 '민완가'이다. 말없이 부장의 의사결정을 기다리는 것이 부하로서의 예의라고 생각한다면 당신의 두뇌는 미안하지만 평범하다고 말할 수밖에 없다.

부장은 지금 결론을 내리는 데 고민하고 있다. 마음이 여러 갈래로 갈라진다. 이것은 누군가의 힘을 빌리고 싶어서 망설이고 있는 것이다. 이 기미를 알아차려야 한다.

거기서 강력한 설득력을 발휘해서, 마침내 그 자리에서 주도권을 따내는 것이 능력 있는 남자의 상도(常道)라는 것이다. 자신의 안(案)에 다짐하여 부장의 마음을 한쪽으로 끈다. 아무리 부장이라도 갈팡질팡하는 인간의 약함은 같다. 갈팡질팡하면 대신에 자기가 그 방향을 정해 버린다. 이 정도의 주도권이 없으면 능력 있는 남자라고 할 수 없다.

이것은 여성과 교제하는 경우에도 그대로 들어맞는다.

"다정한 남성이지만 데이트를 해도 언제나 우유부단해, 걸으면서 '다음은 어디로 갈까'라고 물어서 '어디든지 좋아요'라고 대답하면 우왕좌왕 걷기도 하고, 들어갈 가게를 끝까지 결정하지 못해요. 어디든지 좋으니까 시간 걱정하지 말고 나를 데리고 들어가 주었으면 좋겠어요."

만약 당신이 그녀에게 이런 험담을 들었다면 대개는 일에도 그 영향이 미칠 것을 상상할 만하다.

여성에게는 항상 주도권을 쥐고 힘차게 여기저기 데리고 다닌다, 이 정도의 강력함과 자신이 있고서야 비로소 그녀는 당신의 군문(軍門)에 항복하는 것이다.

칭찬하는 법을 모르면 일과 그녀는 멀어진다

자, 마지막 공통점을 이야기해 보자. 그것은, 능숙한 칭찬일 것이다.

칭찬한다는 것은, 예를 들면 상대방 거래처에게 무턱대고 아부하는 것은 아니다. 상대방의 장점에 솔직하게 감동해서 그것을 말로 표현하는 것이다.

어떤 사람과 만나도 상대방에게는 결점이 있으면 반드시 장점도 있다. 그것은 자기쪽에서도 마찬가지이지만 결점에 대해서 팔을 돌려서 공격을 가하는 것으로 장점에는 눈을 감아버리는 것은 사내에서의 인간관계에 아무런 발전성도 없고, 외부와의 상담(商談)에서도 상대방에게 제대로 의사전달을 할 수 없을 것이다.

어느 중견기업의 과장은 부하에게 일을 지도할 때 반드시 그 남자의 장점을 칭찬하는 것을 전치사로 하여 용건을 꺼낸다. A라는 부하에게는 "어쨌든 자네는 매우 빠르니까, 이 일에는 적당하지" 하고 말하고, B에게는 "자네의 달필이 진가를 발휘할 일이 있어, 저녁 때까지 좋아, 팔 걷어부치고 도와 주지 않을래" 따위를 말한다. 아니면 A에 대해서 "지난번처럼 나쁜 버릇을 표출하지

마라"라든가, B에 대해서 "언제나처럼 시간만 많이 소비하지
말고"라는 식으로 말하지 않는 점이 이 과장의 특징을 이루는
장점으로, 상대방의 결점에 대해서는 한마디도 하지 않는 것이
다. 그래서 이 과장은 부하들로부터 매우 존경받고, 결과적으로
부하의 일의 능력을 최대한으로 끌어내므로 중역들로부터의 평가
도 좋다.

장사 이야기에서도, 좋은 일을 하는 남성은 상대방에 대해서
예를 들면 이런 표현을 하기도 한다.

"우리 회사에 당신 같은 민완가가 있어 준다면 영업은 더 활기
를 띨 거라고 생각합니다."

다시 말해서 잘못된 일로 칭찬하면서 해결하려는 사람이다.
칭찬받고 화내는 사람은 백만 명 중에 한 사람도 없다. 사람을
칭찬하는 것으로 상대방도 이쪽에 공감하여 의사전달은 훨씬
친밀해진다. 그리고, 칭찬하여 효과가 있는 점으로는 일 상대보다
여성쪽이 훨씬 퍼센트가 높다.

여성이 칭찬하는 말에 얼마나 약한가 하면, 데이트 상대에게
"예쁘군요" 하고만 말해도 어느 정도 태도가 바뀌는가를 알 수
있다. 가령 그녀가 뛰어난 미인이 아니라도 장점을 발견하면, 그것
을 집중적으로 칭찬해야 한다.

"각선미가 매우 좋군요."

"당신은 웃는 얼굴이 참 매력적이군요."

어떤 여성을 계속 설득했지만 보기 좋게 거절당한 청년이 있었
다. 그는 "좋아해"라는 대사를 연발했지만, 그녀의 복장이나 헤어
스타일이나 화장에 대해서 한마디도 "멋있어" "어울려"라고 말하
지 않고 "예뻐"라는 말도 깜빡 잊어버리고 하지 않았다.

사소한 점에서도 여성은 남성으로부터의 칭찬을 기다리고 있다. 몇 번이나 데이트를 하면서도 한번도 칭찬을 해주지 않는 남자에게는 여성은 결코 마음을 열려고 하지 않는다.

술자리는 비즈니스의 연장으로 알라

이번에는 조금 관점을 바꿔서, '능력 있는 남성'은 '일·술·여자'에 대해서 어떤 학설을 가지고 있는가를 생각해 보고 싶다.

비즈니스맨에게는 술자리가 따르는 것이다. 그리고 대부분의 경우, 그것은 일의 연장이기도 하다. 일로 마시는 술이 개인적인 그것과는 전혀 분위기가 다른 것은 말할 것도 없다.

당신이 회사에서 '능력 있는 남성'이라고 평가되려면, 우선 이 점을 똑똑히 명심해 두어야 한다. 그래, 능력 있는 비지니스맨이 되기 위해서는 술자리에서 노우하우라는 것도 알아야 한다.

예를 들면, 사내의 연회에서 "오늘은 자유로운 연회로 하자"라고 자주 말한다. 이 말에 흥이 나서 벌컥벌컥 마셔, 어느 사이에 곤드레만드레 취해서 상사에게 술주정했다면 어떨까요?

이런 이야기가 있다. 모 철강 메이커의 망년회에서의 일이다. 계장 N 씨가 직속 부장에게 대들었던 것이다.

연말의 힘든 일로 완전히 지친 N 씨는 술이 매우 빨리 올라 개회 30분 후에는 얼큰히 취해서 기분이 매우 좋아졌다. 부장에게 다가가서 "자자, 드세요" 하고 술잔을 내밀었더니, "조금 기다려 줘. 아무래도 뱃속이 좋지 않아 더 이상 못 먹겠어" 하고 매정하게 술잔을 거절했다. 취기로 대담해진 N 씨는 무심코 소리쳤다. "부

장님, 제 술잔을 받을 수 없다는 말입니까!" 웅성거리던 자리가 순간 조용해졌다. 부장은 냉정하게 단언했다. "자네는 그 정도의 술로 벌써 취해 버렸군. 그 정도로 계장이라니!"

해가 바뀌어, 봄철의 인사이동으로 N 씨는 후쿠오카(北陸)의 출장소로 좌천되었다. 부장은 망년회 자리라 할지라도 부하를 평가하고 있었던 것이다.

비즈니스맨의 술자리는 그만큼 중요한 것이다. 대개의 대기업에서는 관리직은 술자리에서 짐짓 술만 마시는 척한다. 그러나 술자리에서도 부하의 행동을 자세히 관찰하는 것이 통례이다. 왜냐하면, 술자리에서야말로 남자의 인간성이 완연히 드러나는 자리이기 때문이다.

이전에 미쓰비시계의 회사는 간부후보생을 매일 술자리에 호출하여 그 태도를 유심히 관찰하여 적성을 살펴보았다고 한다.

능숙하게 술을 잘 마실 수 있는지 없는지로 당신의 출세도는 결정된다고 해도 과언은 아니다.

주법에도 학설이 있다

내가 예로 들고 싶은 학설은 이하 다섯 가지이다.

그 첫째, 상사가 술에 취했다면 자신도 곧 취하라.

연회자리에서 또는 바나 클럽에서 상사가 취해 있는데 당신만
이 말짱하게 있다고 하면 그것은 규칙위반이라고 생각해 주길
바란다. "어이, 어때. 전혀 취하지 않았군" 하는 말은 비난하는
말이다. 술자리에서 딱딱한 얼굴을 하고 있는 부하는 회사에서도
상사에게 백안시되는 것은 틀림없다. 그렇다고 해서 신이 나서
곤드레만드레 취해 버리는 것도 낙제. 적당히 취하고, 즐거운 태도
로 좌흥을 깨지 않는 마음가짐이 중요하다.

그 둘째, 술을 싫어해도 술잔을 내밀면 3번까지는 받아라.

융통성 없이 성실한 남성은 일에서도 중요한 일은 할 수 없다.
이 타입으로 술을 싫어하는 남성이라면, 상사가 "어이, 마셔" 하고
술잔을 내밀어도 태연하게 손을 흔들어 "못 마십니다" 하고 말할
지도 모른다. 이런 비즈니스맨은 문제가 있을 것이다.

가령 술을 전혀 못 마셔도 상사의 술은 3번까지는 받는다. 형식
적이라도 좋다. 그렇게 하면 사이가 훨씬 친밀해진다. 이 정도의
무리도 할 수 없는 남성은 어떤 일이 주어져도 버틸 수가 없고,
제대로 성과를 올릴 수 없을 것이다. 적절한 시기의 '인내' 는 매우
중요함을 인식해 주길 바란다.

그 셋째, 술자리에서는 의식적으로 아첨을 하라.

알콜이 들어가면 평상시는 엄격한 상사라 하더라도 마음은
푸근해진다. 그것을 찔러 은근히 아첨을 하면 당신은 상사에게
"귀여운 녀석이군" 하고 매우 호의적으로 받아들일 것이다. 상사

란 언제나 부하에게 숭배되어 경의를 받고 싶어하는 인종이다.

아첨의 대상은 정말로 하찮은 것이 좋다. 특별히 전인격으로 추켜세우지 않아도 좋은 것이다. "부장님의 마작 솜씨는 정말로 대단합니다. 저도 능력을 본받고 싶군요." "과장님, 최근 아리키드를 바꾸셨군요, 향기가 마음에 드는데요." "요전 연설은 대단했습니다. 아주 최고였습니다." 이런 말로 충분하다. 부하에게 이런 칭찬을 받으면, 상사의 얼큰한 취기는 한층 고조되어 마음속에 무의식적으로 당신에 대해 좋은 평가를 내리게 됨에 틀림없다.

그 넷째, 상대방의 취미에 신경을 써라.

"아니, 부장님의 위스키가 너무 약하군요, 자 드세요" 하고 대작 흉내만 하면 좋다는 기분으로 상사의 잔에 위스키를 따르는 부하가 있다. 이런 남성은, 사람을 꿰뚫어 보는 안력(眼力)이 매우 부족한 남성이다.

약한 위스키를 홀짝홀짝 마시는 상사는 결코 술이 세지 않는다. 자신의 수준으로 마시는 것이야말로 위스키를 마시는 것이다. 부하가 쭉 따라서 "어이, 마셔. 나는 좀 약해" 하고 사실을 말하고 싶어도 다른 사람 앞에서 말하기 어려운 적도 있다. 무슨 일이 있어도 강한 체해 버리는 것이 상사의 통례이다.

여기서 상사를 위하는 마음이 있는 남성이라면 대개 일에서도 좋은 수완을 발휘할 것이다. 위스키 대작 따위는 하지 않고 얼음이나 물을 타 드린다. 상사의 마시는 피치를 확인하면서 일정한 간격으로 얼음을 넣어 주는 부하라면, "호, 기특한 녀석이군" 하는 눈으로 봐 줄 것이다. 사람에 대한 동정은 일에 대한 통찰력으로 직결하는 것을 알아야 한다.

그 다섯째, 상사보다 말을 많이 하지 말라.

상사란 술자리에서 이야기꽃을 피우기를 좋아하는 종족으로, 또 그 꽃피우는 방식은 연하의 부하에 비길 바 아니다. 그렇다면 당신은 될 수 있는 대로 듣는 역할만 해야 함을 명심해야 한다.

계속 퍼내도 끝이 없는 좌담을 철저하게 따르는 것이 우수한 부하의 역할이다.

그것을 생각하지 않고 상사와 결사적으로 이야기하려고 노력하는 부하가 있다. 아무리 이야기를 잘해도 그것은 안된다. 상사는 부하에게 말을 하는 것은 좋아해도, 부하에게 듣는 것은 그다지 좋아하지 않는 것이 통례이기 때문이다. 상사에 대해서는 이야기를 차츰차츰 끌어낼 작정으로 대응하는 것이 술자리에서의 이론임을 명심해 주길 바란다.

능력 있는 남성의 바람 피우는 법

능력 있는 남성의 주법이 나왔다면, 다음은 당연히 여자이야기
가 나오게 된다. 여기서는 '바람'이라는 것을 주제로 하려고 생각
한다.

"남자란, 언제나 그렇지만 집에서 떠나 있는 시간이 가장 쾌활
하다"고 말한 사람은 셰익스피어이다. 일단 부인에게서 벗어나면
날개가 돋는 것이 남성인 듯하다.

그런데 능력 있는 남성이란 도대체 어떻게 바람을 피우는 것일
까?

내가 아는 풍속평론가 요도 고로(淀吾郞)씨는 남자의 바람에
대해서 당당하게 이렇게 이야기하고 있다.

"한 가지 분명한 것은 일을 할 수 있는 활동력 있는 남자일수록
바람도 멋지게 피우는 것입니다. 그리고 바람이 부인에게 들통나
서 가정불화를 초래하는 남성은 일하는 인간으로서 전문적이
아닙니다. 직업인으로서 프로라고 할 수 있는 남성은 완전하게
부인에게 감추는 재주를 가지고 있습니다. 그리고 그것이야말로
부인에 대한 마음가짐이 아닐까요?"

과연, 하고 크게 동감한다. 능력 있는 남성은 우선 자신의 성
(城)을 중요시한다. 성이란 가정 외에 없다. 아내를 사랑하고,
아이를 사랑하는 것이 살아가는 근저에 있는 것으로 안심하고
일에 몸을 던질 수 있는 것이다. 가정이 휘청거리는 남성은 일에
도 반드시 영향을 끼친다. 가정인으로서는 최저가 일을 시키면
최고라는 남성도 없진 않지만 드문 경우이다. 좋은 가정을 만드는
것도, 좋은 일을 완성하는 것도 출처는 같다고 생각한다.

결국, 남성은 손오공이다. 어차피 관음보살의 손바닥에서 벗어날 수 없다. 아무리 멀리 날아갔다고 생각해도 거기는 여전히 손바닥 안에 지나지 않는다. 손바닥이란 — 물론, 아내이다.

"바람 피우고 돌아올 때마다 역시 나의 부인은 좋은 여자야, 하고 생각한다. 열심히 항해하여 여기저기 정박했지만 역시 자기 본래의 항구보다 더 좋은 곳은 없다."

어떤 유명한 바람꾼인 비즈니스맨이 모항(母港)의 좋음은 항해해 보고 비로소 알 수 있다고 말했다. 바람 피움으로 부인에게 다시 반한다. 여성이 들으면 "아니 제멋대로……"라고 할지도 모르지만 이것은 남성의 본심이 아닐까.

10 명의 여성에게는 10 가지 방법으로 기쁘게 해준다

남성화장품의 코머셜식으로 이야기하면, "남성의 바람끼에는 이유가 있다"라는 것이다. 그 이유란, 바람에는 효용이 있다는 것이다. 먼저 소개한 요도 고로(淀吾郞)씨에 의하면, 그것은 다음과 같은 것이다.

"모든 남성에게는 남자로 태어난 이상 죽기 전에 가능한 한 많은 여자와 교제하고 싶다는 전방위적인 성욕이 있는 것입니다. 자신이 할 수 있는 범위 내에서 부인 이외의 몇 명의 여자와 정을 통합니다. 그래서 어느 정도는 자신의 욕구를 만족시킵니다. 그렇게 하면 남성은 안정됩니다. 일에도 몰두할 수 있고 대인관계도 잘합니다. 바람 피우기를 거듭함으로 정신적으로 여유가 생깁니다. 바람 피우고 싶지만 할 수 없어, 돈도 없고 기회도 없어

서 우물쭈물하는 남성은 스트레스가 쌓여서 일도 제대로 할 수
없습니다."

또 한 가지, 외도에는 섹스면에서의 효용도 있다. 예를 들어
남성은 10명의 여자를 알면 10가지 기쁘게 해주는 법을 배우는
것이다. 이것은 부인을 보다 강하게, 보다 깊게 기쁘게 해주는데
충분한 수집재료가 되지 않을까. 다시 말해 남자라는 것은 자기
멋대로 바람을 피워도, 기특한 것은 부인에게 되돌아오는 것이
다. 단지 그 과정만 숨길 뿐이다. 어긋남은 있어도…….

나는 결코 외도추진론자는 아니지만, 남자로 태어난 이상은
바람을 피해 가는 것은 곤란하지 않을까 생각한다. 바람 피울
기회가 있고 시간이 맞아도 더욱 도망갈 준비를 하는 남성이 있다
면 그 활동력을 의심한다. 아마 일에서도 좀 골치 아픈 국면에
부딪히면 곧 피해 버릴 타입이다.

바람을 피우는 것은 여자를 아는 것이다. 바람 피움으로 여자의
고통, 가련함이란 것을 알 수 있다. 이런 것은 부인의 고통, 가련함
도 알 수 있는 것이다. 남자는 거기서 부드러워지는 것이다. 서서
히 눈이 떠지기 시작하는 것이다.

남자는 여러 여자를 알면 알수록 부인을 좋아하게 되는 법이
다. 적어도 현명한 남자라면 그것이 정상적인 모습이다. 바람끼에
는 확실히 효용이 있다. 아무리 여성측에서 비난의 눈길을 보내도
이것은 사실이다.

여자는 생명력이 강한 남성을 요구한다

"여자에게 있어서 남성이란, 사랑을 거는 못에 지나지 않는다."

앙드레 지드가 이런 이야기를 했다. 튼튼한 못, 예쁜 못, 귀여운 못, 이렇게 여러 모양이 있어도 결국 한때 마음에 들어서 사랑이라는 이름의 코트를 걸게 되는 못, 단지 그것뿐이다, 라고 지드는 말했다.

그렇다면, 그것도 남자가 바라는 바다. 연애도, 바람도, 일종의 게임이라고 생각하면 인생은 더 즐겁게 되기 때문이다.

어느 큰 컴퓨터 기기회사에서 영업과장을 하는 K 씨는 평소부터 "세상에서 가장 좋은 것은 여자, 두 번째가 술, 일은 세 번째"라고 호언장담하는 유희의 달인이지만, 이 사람 바람끼의 노우하우라는 것은 다음과 같다.

"나는 여성과의 만남을 매우 중요하게 여기지만 알고 나서 곧 달라붙거나 하지 않습니다. 그 대신 기회는 놓치지 않습니다. 만나는 곳은 여러 가지 회합이나, 파티, 또 술집이지만, 그래서 가능한 한 좋은 대화를 하고 또다시 만날 것을 약속합니다. 예를 들면 단골술집을 4 군데 알아 두십시오. 거기에 오는 여성으로 좋다고 평가되는 사람이 평균 4 명만 있으면 16 명의 여자와 사귈 수 있지 않을까요. 일단 사귀게 되면 조급하게 굴 필요는 없습니다. 재미있는 이야기를 하거나, 노래를 부르거나 하여 서서히 상대방에게 이쪽의 인상을 심어 줍니다. 다시 말해, 씨앗을 뿌려 두는 것입니다. 16 개나 되는 씨앗을 뿌리면 두세 개는 반드시 싹이 나옵니다."

K 씨에 의하면, 외도의 진수란 거침 없는 교제가 가능한 여자를

몇 명이나 갖는가로, 한 여자와 뜨겁게 오랫동안 관계를 갖는 것은 외도로서 잘못된 방법이다. 왜냐 하면 "그것은 반드시 부인에게 피해를 주기 때문"이라고 한다. 여기서도 "가정을 파괴하는 외도는 외도가 아니다"라고 말하고 있다.

이 K 씨는, 멋진 외도철학을 갖는 것만으로도 여성에게 매우 인기가 있다. 왜 인기가 있을까? "나는 농담으로 여자가 첫째, 술이 둘째로, 일이 그 다음이라고 말하고 있지만, 사실은 일에는 과장됨이 없이 그야말로 목숨을 바쳐서 몰두하는 것입니다. 자기가 하는 일의 분야에 관계없이 어떤 사람에게도 뒤지지 않을 정도의 오기는 있습니다. 그러므로 언제나 회사는 풀 가동되고, 일을 벗어나도 그 힘이 계속되기 때문입니다. 일을 잘하는 남성은 유희, 술, 모두 잘합니다. 결국 그런 에너지를 여성이 이해할 수 있으니까요. 그러므로 필연적으로 인기 있는 것입니다."

여성은 생명력이 강한 남성을 좋아한다. 외도도 결국은 생명력인 것이다.

이상한 표현일지도 모르지만 세상에는 '올바른 외도법(外道法)'을 알고 있는 남성이 그런대로 있는 것입니다.

3

남성의 성적 매력, 그 역사적인 증명

미남 나리히라(業平)는 기골찬 쾌남이었다

일본 역사상의 인물로 여성에게 압도적으로 인기 있는 남성이라 하면 아리하라 나리히라(在原業平)가 그 대표일 것이다. 이후지와라(藤原) 씨 시대의 사람은, 일설에 의하면 생애에 3천명의 여성과 교제했다고 전해지고 있다. 그 진위는 너무 오래된 시대의 일로 증명할 방법은 없지만, 가령 전설로서 절반 이야기라고 해도 수백 명에서 수천 명에 이를 정도의 여성 경험은 있다고 생각된다.

나리히라(業平)는 당시 귀족으로서 정말로 전형적인 뛰어난 미남형인 듯하지만, 문헌에 의하면 결코 연약한 남자가 아니라 권세를 누린 후지와라(藤原) 씨에 대해서 견고한 태도로 맞선 기골찬 공경(公卿)이었다고 한다. 그는 후지와라씨의 책모에 의해 한번 관직을 박탈당했지만, 불굴의 투지로 끈질기게 버텨 당상관(堂上官)으로 멋지게 복귀한 것은 역사적인 사실이다.

당시 귀족사회에는 자유로운 사랑의 꽃이 만발했다. 미남귀족이라면 여성에게 거칠 것이 없었지만, 그래도 나리히라의 여성편력은 대단했다고 해도 좋다. 그에게는 매일 밤 연모해 다가오는 여성이 있었던 것 같다.

단지 나리히라가 미남이었기 때문일까요? 그렇지는 않다. 그에게는 권력자와 맞선 담대함이 있었기 때문이다. 한눈에 미남(美男)으로 보여도, 심지는 매우 기골찼다. 얼간이 같은 미남이 많았던 당시의 귀족사회에서 나리히라의 남자다움은 눈에 띄었을 것이다.

게다가 나리히라는 인연을 맺는 모든 여성에게 차별 없이 공평하게 대하고, 물심양면으로 결코 불만족스럽게는 하지 않았다고도 전해진다.

이것이 나리히라가 인기를 끄는 뛰어난 점이다. 만나는 한 사람 한 사람의 여성과 진지하게 정을 나누고, 헤어질 때에는 만전의 예후의 조처를 꾀했다. 현대의 플레이보이 지향의 남성도 이 점을 신중하게 배울 필요가 있지 않을까.

아무리 잘생기고, 돈이 있어도 그것만으로 여성을 정복할 수 있다고 생각하는 것은 오해이다. "이 사람은 결코 나를 불행하게는 하지 않는다"고 여성에게 생각하게끔 하는 진지한 열정이 남성에게는 필요불가결한 것이다.

고다이고(後醍醐) 천황이 건무(建武)의 중흥을 이룩한 비결

역대 천황으로 여성에 관해서 가장 튼튼함을 자랑한 사람은 저 건무의 중흥을 이룩한 고다이고(後醍醐) 천황이다.

이 사람이 생애에 거느린 여성의 수는 《대일본사》에 기록되어 있는 것만으로 19명이 넘는다. 낳은 아이는 황자가 15명, 황녀가 19명, 모두 34명이니까 대단한 일이다. 게다가 이 숫자는 어디까지나 공서에 기재되어 있는 숫자에 지나지 않으니까, 실제로는 더 많은 수의 첩과 아이가 있다고 추정된다.

아무리 몇 명의 첩을 거느린 황제의 신분이라 해도, 기록에 남아 있는 것만으로도 30여 명의 아이를 낳았다고 하는 그 절륜은 대단한 것이다. 그 강인함은 또, 그의 정치상의 업적에도 잘 나타나 있다.

고다이고 천황은 호죠(北降) 씨가 제멋대로 권력을 남용하고 있을 시기에 호죠다까도끼(北降高時)를 쓰러뜨림에 따라 오랫만에 궁정으로 되돌아온 중심 인물이다. 그동안에도 그는 아시카가(足利尊) 씨, 닛타요시사다(新田義貞), 노기 마시시게(楠正成)라는 당시의 유명한 장군들을 자기 마음대로 좌지우지할 만한 기량을 갖추고 있었다.

무가로 건너간 정치권력을 보기 좋게 뒤엎고, 왕정복고를 실현시킨 에너지는 역대의 천황 중에서도 중요하게 다룰 만하다. 후에 아시카가 씨의 모함으로 정권은 다시 무가가 잡게 되었으나, 그 아시카가 씨의 천하는 결코 길지 못했다. 덧붙여 말하면 아시카가 씨가 정실과 첩 사이에서 낳은 아이의 수는 어느 정도였을까? 불과 여섯에 지나지 않았다. '영웅 호색'이란 말이 있지만 이 아시카가 씨가 뒤의 우에스기 겐신(上杉謙信)이나, 오다 노부나가(織田信長)나 모두 날카로워도 어딘가 약해서, 비운의 별 아래서 태어난 명장은 결코 여자에게 강하지 못했다고 생각된다.

"대단한 일을 이룩한 남성은 여성에게 대해서도 불사신이다"
라는 설정은 고다이고천황과 같이 스케일이 큰 인물에나 해당한
다. "처첩을 많이 거느리면 누구나 몇 명의 아이 정도는 낳을 수
있지 않을까" 하고 말하는 사람도 있지만, 고다이고 천황의 경우
는 자신의 남성으로서의 에너지를 이용하여 건무중흥이라는 정치
상의 쾌거(快擧)를 이룩할 수 있었던 것이다. 이것은 단순한 정력
절륜의 권력자로는 결코 이룰 수 없다.

성적인 파워가 혁명의 업적에까지 연결되었다는 의미로, 고다이
고 천황은 역시 걸출한 남성이었다고 말할 수 있는 것이다.

적장의 아내와 딸이 반한 신겐(信玄)

다께다 신겐(武田信玄)은 전국시대의 장군으로, 여성 다루는
솜씨가 얄미울 정도로 뛰어나다.

신겐은 자기가 토벌한 적장의 처자들이 자신의 뜻을 따르게
했다. "적장에게 몸을 맡길 정도라면 자해하는 편이 더 낫다"고
하는 여성이 대부분이었던 전국시대에 있어서, 우격다짐으로 그녀
들을 손에 넣으며 어느 사이에 자신에게 반하도록 하는 기술을
알고 있던 신겐은 역시 평범한 기량의 소유자는 아니었다. 남자로
서의 매력이 곧 넘칠 듯이 되어서야, 여자들은 마음속으로 신겐을
연모하게 되었던 것이다.

"사람은 축벽, 정은 아군, 적은 적······" 이것은 다케다의 말이
다. 이 말로 알 수 있듯이, 신겐이 매우 중요시한 것은 인화(人和)
였다. 그의 인간관계의 특색은 가신과 자기와의 직접적인 연결을
매우 중요하게 보았다. 그러므로 신겐이 만들어 놓은 가신단은
비할 데 없이 견고했다. 후에 도쿠가와 이에야스가 조직형성에
몰두할 때, 다케다 일문의 그 결속을 모범으로 한 것은 역사적으
로 유명한 사실이다.

대장인 자기에 대한 절대의 자신감. 이것이 무적(無敵) 다케다
군단의 취지였다. 비할 데 없이 훌륭한 남성이면서, 그는 부하의
마음을 사로잡는 것을 게을리하지 않았다. 호방하여 세심하다는
것은 바로 이것이었다. 이 양면성을 훌륭하게 갖추고 있었기 때문
에 남녀 모두 그를 따랐던 것이다. 강한 무장(武裝)일 뿐만 아니라
신겐은 서도의 명인이기도 하고, 그림에도 재능을 발휘했으며,
시도 잘 지었다. 소년시절에 가산지요(勝千代)라고 이름지어져,

그는 좀처럼 울지 않는 아이였으나, 한번 슬픈 생각에 빠지면 사람들이 귀를 틀어막을 정도로 크게 울었다고 한다. 강인한 정신의 소유자이면서 감수성도 대단히 민감했던 것이다.

저 우에스기 가네노부와의 사이에 전개된 가와나카시마의 전투에서, 그는 150일간이라는 터무니없는 지구(持久) 전법을 취해, "움직이지 않은 것이 산과 같다"고 평해졌다. 이 때다 할 때까지 오로지 자복한다. "그것이 가능하지 않고서는 참된 전술가가 아니다"고 당시의 많은 호걸에게 실행으로서 가르쳐 주었다.

다른 사람이 할 수 없는 일을 하여 비로소 영웅이 될 수 있다. 단지 계속 공격하는 것밖에 모르는 장군은 여자를 자기 것으로 하는 데도 우격다짐으로 할 뿐, 아프타케어(aftercare) 따위는 신경쓰지 않는다. 신겐같이 적장의 처자들이 반할 만큼의 기량을 지닌 남성이야말로 꾸밈 없는 성적 매력이 있다고 말할 수 있지 않을까!

이에야스(家康)가 서민의 딸을 첩으로 삼은 이유

사회에서 성공한 남성의 중요한 조건의 한 가지는 여자를 잘 제어하고 관리하는 능력이다. 지금까지의 역사상의 인물로, 그것을 가장 선명하게 느끼게 해준 것은 도쿠가와 이에야스(德川家康)이다.

먼저 이에야스의 여자에 대한 생각이 독특했다. 노부나가나 히데요시도 첩으로 삼을 여자에 대해서 먼저 가문이 좋은 명문가 출신인 것을 첫번째 조건으로 했다. 그것은 단지 천하를 통일한

장군의 긍지만이 아니라, 정략상 그것이 더 유리했기 때문이었
다.

그런데 이에야스는 그렇게 하지 않았다. 그가 첩을 삼을 때
눈여겨본 것은, 오히려 반대로 극히 평범한 서민의 부인이나 딸이
었다. 후세의 어느 역사학자는 "이에야스가 여자에 관한 취미는
좋지 않았다"고 단언했지만, 그것도 잘못된 지적이다. 이에야스의
깊은 통찰력에 생각이 미치지 못했기 때문에 그런 견해를 갖는
것이다.

이에야스는 노부나가와 히데요시가 명문 집안 여자를 첩으로
삼아서 생기는 보기 싫은 일을 자주 보았다. 특히 히데요시는
그것을 느낄 수 있었다. 그는 노부나가가 죽자, 그 직자였던 노부
가쓰(信雄)와 노부다까(信孝) 형제 사이가 나쁜 것을 이용하여
양자를 싸우게 만들었다. 이리하여 노부나가의 직계를 분열시켜서
천하를 통일할 방법을 세워 둔 것인데, 그 노부나가 직계의 형제
싸움의 원인은 "우리 엄마쪽이 더 명문이야" 하는 우월감의 경쟁
에 있었던 것이다. 보다 근본적인 원인을 이야기하면, 아버지 노부
나가가 명문 집안의 2명의 첩을 거느린 것에서 발단한 것이다.

그런데, 천하를 통일한 히데요시는 어떠했는가? 그는 본래 미천
한 하인에서 출세한 신분이 낮은 집안 출신이였기 때문에, 여자에
관한 취미는 마치 벼락부자의 귀족취미였다. 주군(主君) 노부나가
의 조카인 요도기미(淀君)를 비롯해, 마에다(前田)가의 딸, 명문
교고꾸가(京極家)의 딸을 계속 첩으로 삼아 매우 기뻐했다.

처음, 이시라 마쓰나니(右田三成)라는 교활한 장군이 제멋대로
날뛴 것도 히데요시가 요도기미(淀君)를 총애했기 때문이다. 여기
에서 세끼가하라원(開原)의 합전의 단서가 되어, 도요도미가의

멸망으로 이어져 간 것이다. 애인 관리를 잘못했기 때문에 집안이
파멸하게 된 것은 현대에도 그 예를 찾을 수 있다. 저 미고에(三越)
의 오까다 시게루(岡田茂) 전사장의 실각은 애인 다께히사(竹久)
미치와의 관계를 잘못하여 일어난 것도 아닐까.

"여자를 사랑해도 여자에게 빠지지 말라"가 그 비결

도쿠가와 이에야스의 최초의 첩은 서군(西郡)의 쓰보네(局)라
하여, 서군성주의 우장충(鵜長忠)의 딸이었다. 그리고 두번 째의
첩은 정실 쓰끼야마 고젠(築山御前)의 시녀였던 오반이라는 여자
였다. 그러나 실패하게 된다.

쓰끼야마 고젠(築山御前)은 이마까와 요시모도(今川義元)의
조카였으므로 매우 자존심이 강한 여자로 오반에 대한 질투심은
굉장했다. 반은 쓰끼야마 고젠(築山御前)의 손에 린치를 당하거나
반죽음을 당하기도 했다. 이에야스는 여기서 비로소 여자에 대한
생각이 바뀌게 되었다.

"과연, 여자란 가문이 좋으면 좋을수록 독점욕이 강하다. 그러
므로 남편에 대한 질투심도 격심해지는 법이다."

이에야스는 일생에 걸쳐서 여자를 사랑해도 여색에 좌우되어
스스로를 결단내지 않았던 것이다.

그가 다음에 맞이한 첩은 일개 하급 무사의 후가에 지나지 않은
오아이(於愛)라는 여자였다. 후에 그 대장군이 된 히데다다(秀忠)
을 낳은 것이 이 오아이(於愛)이다. 그리고, 쓰게야마의 사후
전혀 정실을 삼지 않았다. 단 끝까지 명목상의 정실로서, 히데요시

의 동생인 아사히(朝日) 공주를 추천받았으나, 이것은 정략결혼으로, 히데요시가 강제로 시킨 것이었다.

이에야스는 아사히 공주와는 관계를 갖지 않아서 여자의 질투가 초래하는 불상사를 피했다. 그러나 그녀를 정중하게 다루어 병사했을 때에는 정실로서 훌륭한 장례를 치러, 빈틈 없이 묘소도 만들어 주었다.

그가 일생을 통해 삼은 첩은 15 명이었다고 전해지지만, 그 한 사람 한 사람에 대해서 잘 돌봐 준 것도 널리 알려져 있다. 그러한 여자에 대한 배려가 있고서야 첩끼리의 투기로 인한 분쟁도 생기지 않고, 그 아이들끼리의 분쟁도 일어나지 않았다.

여성을 아무리 사랑해도 좋다. 단지 여성에 빠져서는 안된다. 역사상 여자로 인해 몸을 망친 남자는 모든 여자에 대한 관리능력이 부족했기 때문이다. 그것을 꿰뚫어 봤기 때문에 이에야스는, 도쿠가와 3 백년의 초석을 구축한 대권력자가 될 수 있었던 것이다.

노리후비(紀文)의 초호화판 기생놀이도 남자의 기량의 증명?

에도시대 초기 겐로꾸(元祿) 시대의 대상인 기이노구니야 문사에몬(紀伊國屋文左衛門)은 결코 영웅이나 호걸은 아니다. 그러나, 그 멋진 장사술에 의해서 단기간에 벼락부자가 되었다는 쾌남아적인 인생을 생각하면 이것도 일종의 영웅호걸이라고 할 수 있지 않을까?

이 기이노구니야 문사에몬, 통칭 기몬(紀門)에 대해서 전해지는 매우 유명한 일화는, 폭풍우가 휘몰아치는 기이 앞바다에 밀감배를 띄워서 에도까지 운반했다는 것인데, 일설에 의하면 이것은 후세의 희극작가에 의한 픽션이라고 전해진다.

기문이 더 많이 덕을 본 것은 기문이 밀감의 매입, 운송이 아니라 재목이었다. 원록 11년, 우애노 간에이사(寬永寺)의 조영공사 때 그는 이 일을 청부 맡아, 아득히 먼 기소(木會)에서 재목을 운송하여 5만냥이라는 대금을 벌었다. 당시의 5만냥은 현재 금액으로 계산하면 무려 15억엔이나 된다.

자, 이제부터가 능력 있는 남성의 도량을 증명하는 이야기이다. 일확천금을 번 기문은 그 거금을 모두 열심히 저축하였을까? 아니, 그렇게 고리타분한 일은 하기 싫어하는 남자였다.

그는 많은 추종자들을 이끌고 길원(吉原)으로 가서 큰 문을 닫게 하여 유곽전부를 사서, 며칠 저녁 동안 대호화 기생놀이를 즐겼다. 이 때 길원 큰 문을 닫게 하는 데에는 '하룻밤 천냥'이나 되었다고 한다. 지금 돈으로 약 3천만엔이다. 이것을 며칠 동안이나 계속했던 것이다.

보통 거금을 번 상인은 순간적으로 인색하게 된다. 게다가 또

재산을 모으는 데는 보통 사람 이상으로 절약할 필요가 있기 때문이다.

이런 점에서 "벼락부자는 인색해서 싫어" 하고 여성들이 이야기하는 것은 과거에나 현재에나 마찬가지다. 적당히 작은 돈을 가진 남자가 훨씬 마음씨가 좋은 것이다.

기문은 그 점에서 우러러볼 만한 기량을 갖춘 사람이었다. "여자와 즐길 돈이 있으면 마음껏 써라. 미리 속에서 계산하면서 인색하게 놀지 말라"고 그는 말했다.

인색하지 않아야 될 때 인색한 남성은 결코 성공하지 못한다. 여자는 돈만으로 낚을 수 있는 것이 아니다. 그것이 필요할 때에는 아까워하지 않고 쏟아 붓는다. 이렇게 대범한 자세가 있고서야 남성의 기량이 생겨나는 것은 아닐까!

이토 히로부미의 경탄할 만한 돌진

메이지 원훈(元勳)들 중에서 여자놀음에 있어서 강자로 불리는 사람은, 일본의 총리대신의 제 1 호인 이토 히로부미이다.

여자에 관한 수많은 에피소드 중에서도 재미있는 것은 다음의 한 토막이다.

어느 날 밤, 히로부미는 바시(新橋)의 요정에서 모 재벌에게 초대되어 술을 마시고 있었다. 연회가 한창 무르익을 때쯤 문득 바싹 다가앉아 있는 기생을 보았더니 상당한 미인이 아닌가! 히로부미는 곧 상투적으로 이야기했다.

"어이, 너 오늘 밤 내 옆에서 자지 않겠어."

기생은 그의 얼굴을 빤히 쳐다본 후 터질 듯이 큰소리로 웃고서 이렇게 대답했다.

"저, 정말입니까. 이토우씨와 같이 바쁘신 분이 이렇게 빨리 옷 안을 뒤집어 주시니 영광입니다."

"옷 안을 뒤집다"는 화류계의 말로, 처음 부른 기생을 다시 부른다는 의미다. 다시 말해, 이토 히로부미는 그녀가 이전에 부른 기생이었는지를 까맣게 잊고 있었던 것이다. 당시의 그가 얼마나 많은 여자와 매일 밤 같이 잤는지, 이 한 사건만으로도 충분히 알 수 있지 않을까!

이 정도이니까 히로부미의 여자 낚시는 격렬하고도 실로 개방적이었다. 그 상대는 기생 이외에도 맹우(盟友)였던 기도 다까요시(木戸孝允)의 처를 비롯해 유부녀, 하녀에 이르기까지 자기 취향의 타입이라면 상대를 선택하지 않고 일사천리라는 점이 있었다.

메이지 유신의 공신임을 내세워 근대 일본을 자기 마음대로 불도저처럼 밀고 나간 활동력은 여색을 구하는 데도 마찬가지였던 것이다.

히로부미와 같이 죠슈(長州) 사람으로, 29세로 요절한 다까스기 신사꾸(高杉晋作)도 여색을 구하는 데 끝없는 남자였다.

"지상의 까마귀를 모두 죽여 애인과 늦잠을 자고 싶다"라는, 전혀 혁명가답지 않은 7·7·7·5조의 속요(俗謠)를 죽기 직전까지 쓴 것만 보아도 그의 바람끼 있는 모습을 여실히 알 수 있다. 생전에 자기 손에 쥔 여자의 수는 히로부미의 일생에 비하면 미진한 것이다. 그렇지만 이 죠슈 으뜸의 쾌남아가 만약 메이지 말까지 계속 살아 있었다면 아마 히로부미를 능가할 정도로 많은 여자들과 정을 통했을 것이다.

"여자에게 강한 남자는, 일터에도 강인함을 발휘한다."

이것은 메이지 원훈들이 벌써 교묘하게 증명하고 있는 것이다.

거물 정치가의 여자 다루는 법

자 그럼, 쇼와 시대의 거물들로 이야기를 옮겨가 보자.

일찍부터 정치가로 성호(性豪)의 모습으로 잘 알려져 있는 자는 전후의 정계에서 요시다 시게루(吉田茂)와 쌍벽을 이루는 거물로서, 지금의 자민당을 만든 공로자로서 높이 평가되고 있는 미키 다께요시(三木武吉)이다.

이 미키 씨가 전후 최초의 총선거에서 향리인 가가와(香川)에서 입후보했을 때 실로 유쾌한 에피소드를 남겼다.

선거 유세장에서 다른 어떤 입후보자가 요즈음 미키 씨의 차마 들을 수 없는 염문에 대해 따끔하게 꼬집었다.

"이름은 말할 수 없지만, 우리 향리 사람의 입후보자는 동경 생활에서 3명의 첩을 만들어 생활하고 있다고 합니다. 이렇게 부도덕한 인물을 우리 현에서 선출하는 것은 치욕 이외에 더 무엇이 있겠습니까!"

이 뒤를 이어 단상에 오른 미키 씨는 어떻게 이야기했을까요? 줄지어 앉아 있는 청중들의 얼굴을 바라보며 그는 태연하게 이렇게 이야기했다.

"방금 말한 어떤 입후보자란 다름 아닌 바로 이 사람입니다.

모든 일은 모름지기 정확하지 않으면 안됩니다. 그래서 정정하고
싶은 것은 "3명의 첩"이라고 했지만, 이것은 3명이 아니라 5명입
니다."

조용한 회의장은 순간 갑자기 술렁거렸다. 잠깐 숨을 돌리고
나서, 다시 미키씨는 이렇게 계속했다.

"저는 고등학교를 졸업한 이후, 몇 명의 여성에게 도움을 받아
교정(交情)을 거쳐 오늘날의 지위를 이룩하였습니다. 그 여성들은
지금은 나이를 먹어 완전히 늙어 버렸습니다. 그러나, 그녀들이
나를 도와준 한, 내 형편대로 버릴 수는 없습니다. 이 여성들을
돌봐 주는 것이 나의 의무입니다."

청중석에서 갑자기 박수소리가 터져나왔다. 그 결과는……?
미키부키치는 이 제1회 총선거에서 보기 좋게 톱으로 당선되었
던 것이다.

"여색을 좋아하는 남성은 대성한다" — 정말로 그 사람이야말
로 그 예일지도 모른다.

90세에도 호색을 잃지 않았던 전력왕(電力王)

실업계에서도 '이 방면의 거물'을 두 사람 정도 소개하겠다.

한 사람은 그 유명한 마쓰나가 안사에몬(松永安左衛門) 씨다.
대정 시대에서 소와에 걸쳐 전기사업계의 대가였던 이 사람은
지금으로부터 14년 전에 96세로 천수를 다 누렸지만, 하이쿠
(俳句)를 사랑하여 90세가 되는 해의 원단에 이런 구절을 지었
다.

새해 첫꿈에 젊은 여자를 껴앉고 미수를 지냈어도 더 여색을 찾는 그 씩씩함에는 정말로 감탄한다. 이 안사에몬(安左衛門) 씨의 바람끼에 관한 에피소드 중에 "농담 중에 나온 진실"이라고 할 만한 재미있는 이야기가 있다. 일 관계로 부인하고 떨어져 후쿠오카(福岡)에서 혼자 지낼 때 가정부 몇 명을 데리고 있었다. 그 중에 한 명은 매우 미인이어서, 주위 사람들은 "안사에몬씨가 반드시 짓밟았다"고 있지도 않은 소문을 냈다. 그것이 부인의 귀에도 들어갔다. 그는 과연 화를 냈을까요.

"아무리 내가 여자를 좋아한다고 해서 바보 같은 소문을 내는데도 정도가 있다. 하지도 않았는데 했다고 한다면 억울하다. 그렇다면 하는 편이 더 이익이다." 그래서 안사에몬씨는 천하에 널리 알려진 바람둥이 기질을 발휘하여, 그 가정부 미인을 실제로 짓밟았던 것이다. 자, 다른 또 한 사람은, 지금도 활약중인 혼다 기연공업을 낳은 아버지 혼다 소이치로(本田宗一郞) 씨이다.

이 사람의 화려한 기생놀이는 옛부터 유명하여 "나의 인생공부의 장은 기생놀이를 두고는 아무 것도 없다"고 스스로 호언장담할 정도이다.

"기생이란 확고한 신념의 서비스업이므로 싫은 손님에 대해서도 절대로 감정을 얼굴에 나타내서는 안된다. 그러므로 그 기생이 자신을 어떻게 생각하고 있는가를 알기 위해서 얼굴 표정을 천천히 읽지 않으면 안되었다. 다시 말해서, 기생놀이에 의해 사람의 마음을 꿰뚫어 볼 수 있는 안력(眼力)을 기를 수가 있었던 것이다. 그래서, 자기의 돈으로 놀기 때문에 인기 있지 않으면 돈을 하수구에 버릴 만한 사람이었다. 그래서 인기 있기 위해서 어떻게 하면 좋을까를 연구하게 되었다. 이것도 인생수업으로서 좋은 도움이 되는 것이다" 혼다씨는 자신의 결혼식에, 지금까지 알았던 모든 기생들을 초대하여 참석한 많은 사람을 깜짝 놀라게 하였다. 그리고 아버지의 장례식에도 친한 기생 30명이나 불러 절의 주지스님들을 놀라게 하였다.

"아니야, 아버지도 기뻐하실 거야" 하고 본인은 미개인 같은 얼굴로 불경도 가능한 간결하게 시키고, 더욱 화려한 장의를 했다고 한다. 끝까지 세련된 어인(御人)이다.

"기생에게 인기 있는 남성은 직업상으로도 상대가 좋아해, 좋은 비지니스를 할 수 있다"라는 혼다씨의 지론에 당신도 귀를 기울여 곰곰이 생각해 볼 필요가 있지 않을까!

마을의 작은 수리공장을 '세계의 혼다'로 만든 이 대실업가는 기생놀이에서 배운 것을 일에서 결실 맺을 수가 있었다. 보기 드문 인물이라 해도 좋을 것이다.

4

'여자의 마음을 읽는 법'의 포인트를 알라

여자는 사랑에 굶주려 있는 생물

"여자의 행복이란 유혹자와 만나는 것 외에는 없다"라고 한 사람은 19세기 철학자 키에르케고르이다.

유혹자로서 여자 앞에 가로막아서는 것이 남자의 역할인 것 같다. 사랑에 굶주려 있는 것이 여자라면 사랑을 심어 주는 것이 남자이다. 남자로 태어나 여자에게 하나의 사랑도 심어 줄 수 없는 남자라면 남자로 태어난 보람이 없지 않을까.

또 하나, 19세기의 철인이 명언을 소개하겠다. 대철학자 니체는 이런 이야기를 하였다.

"남성이 정말로 좋아하는 2가지는 위험과 놀이이다. 그리고 남자는 열렬히 사랑을 하고 싶어한다. 그 사랑이라는 것이 남자에 게는 매우 위험한 놀이이기 때문이다."

여성을 설득하는 것은 남성의 본능적인 즐거움인 것 같다. 연애는 남자에게 근원적인 인생의 게임이라고 할 수 있다. 그 증거

로, "사랑의 즐거움이란 설득하여 넘어뜨린 뒤가 아니라, 설득하여 넘어뜨리기까지의 과정, 거기서 맛볼 수 있는 스릴이다" 하고 설명하는 플레이보이는 세상에 많지 않을 것이다.

"그 여자를 손에 넣을 수 없는 기간만큼 남성은 그 여자에게 열광한다"고 말한 프랑스의 작가도 있다.

그럼, 어떻게 하면 여자에게 사랑을 잘 심어 줄 수 있을까요? 거기에는 먼저, 여자의 마음을 깊이 알아야 한다. 사랑이 남자와 여자의 대인경기라면, 우선 상대를 면밀하게 잘 파악하고서 경기를 시작하는 것이 사랑을 심어 주는 절대조건이 아닐까!

다음으로는, 그 여자의 마음에 대해서 이야기해 보려고 한다.

"싫어요" 하고 말하면 물러나는 바보

어느 젊은 여성을 설득시키려고 한 청년이 세 번째 데이트에서 순조롭게 그녀를 러브호텔 거리로 유도했다. 그런데 한 호텔 입구에서, 가만히 어깨를 감싸고 안으로 들어가려고 했더니 그녀는 강한 말투로 "싫어요" 하고 말했다.

청년은 어떻게 했을까요? 그녀의 단호한 거부의 자세에 주춤했던지, "미안해" 하며 본래 왔던 길로 휙 발길을 돌려 버렸던 것이다.

그녀는 그때 정말로 싫었을까?

여자의 마음을 잘 아는 입담 좋은 남자가 그런 광경을 보았다면, "쳇, 변변치 못한 녀석" 하고 혀를 찼을 것이다.

"여자의 예스와 노우는 좌우로 연결되는 외길이다"고 말한 작가가 있다. 여자의 마음은 미묘하고 복잡하여 모순되는 점도 실로 많다는 것을 알아 둘 필요가 있다. 가령 진실로 싫다고 해도 여자를 잘 알고 있는 입담 좋은 남성은 결코 맥없이 물러서지는 않는다.

말한 시점에서, 먼저 어깨를 감쌌던 손으로 가만히 허리 부근을 감싼다. 허리에 손을 댄 것으로 여자의 성적 관능이 일어나기를 기다리는 것이다.

그리고 그는 여자의 귀에 숨을 몰아 쉬듯이 살짝 이야기한다.

"아무 것도 하지 않아, 좀 취해서 단지 쉬고 싶어."

이것은 거짓말이다. 그것조차도 상대방이 뻔히 다 알 수 있는 바보스러운 거짓말이다. 그러나 이런 거짓말이 효과를 나타내는 것이다. 거짓말이라고 계속 느끼면서 "아무 것도 하지 않아"라고

한 것으로, 자기 자신에 대한 변명도 생겨서 여성은 곧 안도감을
느낀다. 이것이 여자 마음의 미묘한 점이다. 거듭 "싫다"고 할
수 없는 분위기에 어느 사이에 끌려들어가 버린 것이다.

　결과적으로, 여자의 노우는 예스가 되는 경우가 많다. 남자의
거짓말이 그 외길을 덮쳐 누르게 한 것이다. 남녀의 사랑의 세계
에서는, 가령 여자 자신이 정말로 싫다고 해도 남자 나름대로의
솜씨로 결과적으로 그것은 쉽게 "좋아요"로 변해 버린다.

　"여자를 설득하려면 50 퍼센트의 진실함에 50 퍼센트의 농담"
이라고 말한 플레이보이가 있다. 어설프게 진실한 남성은 끝까지
사랑할 수 없다는 이유를 이것으로 알 수 있을 것이다.

여자는 남자의 '끈기'와 '부탁'에는 약하다

　여자를 설득하는 데는 "첫째도 둘째도 강력하게 미는 것만이
최고다"라고 믿고 있던 남자가 있었다. 좋아하는 여성과 알게
될 계기가 생기면, 가령 자기 자신이 그 여자가 좋아할 타입의
남자가 아니여도 오직 밀어붙인다.

　"저랑 데이트하지 않을래요?" "미안하지만, 약속이 있어서"
"그런 말 하지 말고, 네, 잘 부탁합니다." "안돼요!"

　보통 남자라면 여기서 그냥 물러선다. 하지만, 그는 이제부터가
승부라고 생각한 것이다. 만나지 않으면 전화로 다시 도전한다.
할 수 없이 그녀가 다시 만나 주면 "좋아 됐어" 하고. 그는 "부탁
합니다"를 반복한다. 세 번 네 번 "안돼요" 하고 말해도 태연자약
한다. 왜 그럴까요? 그는 여자의 특성을 잘 알고 있기 때문이다.

"여자는 남자에게 '안돼요'를 100 번 밖에 할 수 없어"라고, 어떤 플레이보이는 말했다. 한 번 밀고 두 번 밀고 세 번 미는 남성에게는 언젠가 꺾여 버리는 것이다. 그것은 거절하기가 귀찮아서라고 말할지 모르지만, 그때까지 계속해서도 권해 온 남성의 끈기와 힘에 찬탄하여, 그것을 허락해 버리기 때문이다. 그리고 남성에게 "부탁합니다"를 계속 들은 것만으로 여자로서의 만족감, 자존심을 한껏 맛볼 수 있었기 때문이다.

여성이란 남성의 끈기와 부탁에는 매우 약한 것을 알아 두면 좋다. 특히, 뒤로 일보 할 때에 말하는 남성의 "부탁합니다"는 여자의 마음을 돌려 주는데 특효력이 있다.

술에 취해서, 알게 된 지 3시간밖에 안되는 잘 모르는 남성이 호텔로 데려간 젊은 여자가 있었다. 침대 옆 소파에서 문득 정신을 차린 그녀는, 순간 몸을 움츠리며 "싫어요 돌아 가겠어요" 하고 벌떡 일어서려고 했다. 남자는 갑자기 소파 앞에 무릎을 꿇고 머리를 깊게 숙이며 "부탁합니다"라고 했다.

그녀는 어떻게 했을까요? 갑자기 맥없이 소파에 주저앉은 채 눈을 감아 버렸다고 한다. 눈앞에서 무릎을 꿇고 있는 남자의 진지한 얼굴에 져버렸다고 한다.

가장 중요한 때에는, 주저없이 여성에게 "잘 부탁합니다"라고 말하라. 묘한데 자존심이 너무 센 남자는 임기응변이란 것을 모른다. 그래서 정작 중요할 때 여성을 함락시킬 수 없는 것이다.

남자의 침묵은 여자에게 공포심을 갖게 한다

염원하던 여성과 처음으로 데이트에 골인한 남자가 있다고 하자. 다방에서 만나서, 그는 여자를 앞에 두고 20분 정도 이것저것 화제를 만드는데 노력했다. 그런데 이야기가 바닥이 나서 잠자코 있었다. 10초 20초 이렇게 침묵이 된다. 무엇인가 말해야 되는데, 이렇게 계속 생각했지만 머리에 떠오르는 것이 없는 채 점점 시간이 흘렀다. 그녀는 거북한 듯이 잠자코 고개를 숙이고 있었다. 이것은 남성에게 최악의 경우이다. 아직 속마음을 모르는 체, 데이트할 때 어색한 침묵의 시간이 있다면 여성은 어떻게 생각할까를 생각해야 한다.

"데이트할 때 상대 남성이 잘 화젯거리를 만들어 주면, 여성은 그 시간을 행복감에 가득 차 부드러운 기분으로 지낼 수 있다." 이것은 오스트레일리아의 어느 성(性) 과학자의 말이다.

여성은 남성의 침묵에 대해서 마음속에 심상치 않은 거부반응을 나타내는 경향이 있다. 이것이 여성이 본래 지니고 있는 암컷으로서의 방어본능에서 오는 것이다. 잠자코 있어서 무엇인가 불쾌한 느낌을 주는 남자에게는 공포심을 갖기 시작한다.

처음 데이트에서는, 여자의 기분은 좀처럼 풀리지 않는다. 그것을 푸는 것이 남자의 역할로, 상쾌한 템포와 지적인 화제로 점점 대화를 리드해 가는 것이 '믿음직한 남성'으로 여성의 눈에 비치는 것이다. 그 의미로, 침묵이 30초 이상 계속되는 데이트는 남자의 역량 부족을 증명하는 것이 아닐까!

아무 것이나 좋으니까 계속 이야기하는 편이 좋다. 여성을 함락시키는 당초에서 이것은 중요한 주의점이다. 처음 데이트할 때부터 아주 점잖아서 말이 없는 남성이 곧잘 있지만, 이것은 가령 얼굴이 잘생겼어도 여성을 잘 모르는 미숙한 남성이라고 할 수 있다.

데이트중에 의논하지 말라

"여성은 사물이나 인물을 옳은지 그릇된지가 아니라, 좋은가 싫은가의 논리로 판단한다." S 여자대학 교수인 심리학자 세마다 가스오(島田一男) 씨는 이렇게 이야기한다. 나도 이것은 탁월한 설이라고 생각한다.

모 의류 메이커에서 여성들로 연구팀을 조직한 부서가 있었다. 옆 부서의 남성사원이 어느 날 그녀들의 기획회의에 업저버로 참석하여, 끝나고서 동료직원에게 이렇게 감상을 이야기했다.

"진행을 맡은 여주임이 아이디어가 나올 때마다 부원들 한 사람 한 사람에게 의견을 묻자 대부분의 대답이 '나는 그것의 이 부분은 좋지만, 여기는 싫어요' 하고 이야기했다. 판매전략상, 이것은 이런저런 효과가 있으므로 상품으로는 이쪽이 더 좋습니다, 이런 의견은 거의 나오지 않았어. 역시 여자들만의 연구는 이상하다고 생각해."

아무리 여성의 사회적 지위가 향상되어도 남성의 이론으로 움직이는 사회라는 조직 속에서는 남성과 여성은 어차피 물과 기름이다. 다른 예로, 과장이 부하 여직원에게 사무적인 실수에 대해서 이치적으로 따져 야단치자, 그녀는 대등의 논리를 갖고 있지 않으므로, "그렇지만……"이라든가 "그런데……"로 반론하

는 것 외에는 어쩔 줄을 모른다. 그리고 너무나 빈틈 없는 논리로
다그치면, 그 남성을 미워한다는 특징이 여성에게 있는 듯하다.

만약 당신이 마음에 둔 여자가 있어서 기대하던 데이트를 하게
되었다면 장난으로라도 의논 따위는 하지 말라. 남성의 논리와
여성의 논리는 맞지 않아, 결국은 그녀가 감정적으로 되기 때문이
다. 그렇게 되면 모처럼의 무드가 깨져 버린다.

19세기의 프랑스의 군인 마르몽이 남긴 이야기에 이런 말이
있다. "남성은 자신의 사상을 털어놓기 위해서 남성의 가슴을
찾지만, 감정을 털어놓기 위해서는 여성의 가슴을 찾는다."

당신은 그녀에게 동성인 남자에게 하듯이 이치적으로 따지면
안된다. "당신을 좋아해""오늘 당신 머리는 참 잘 어울리는군."
이렇게 정서적인 말만 하면 된다.

여자의 관능은 저녁 때부터 흥분한다

어느 성(性) 박사는, "여성을 설득하려면 저녁부터 밤 사이에 유혹하라"고 말하고 있다. 저녁, 그것도 일몰 바로 전이 좋은 것 같다. 매우 빨리 손을 쓰는군, 하고 당신은 생각할지 모르지만 여기에는 근거가 있다. 여자의 성적 감정은 오후 4시부터 7시 사이가 가장 많이 고조된다는 것이다.

의사인 나도 이 설에 동의한다. 이 시간대는 인간의 하루의 생리 리듬 중에서 미열이 생기는 때인 것이다. 그것도 남자보다 여자쪽이 현저하게 발열한다. 몸이 확 열을 받아 나른해지는 시간에, 성적 감정도 고양되는 것은 있을 수 있는 일이다.

나의 10년 동안의 친구인 모 클럽의 주인은, "저녁에는 매우 민감해져" 하고 곧잘 이야기했다. 그녀는 이제 40이 되지만, 10대 소녀시절부터 쭉 평균열은 36도 이하인데, 해가 지는 석양에는 반드시 36.5도까지 체온이 오르는 것이다. "선생님도 그럴 때 나를 유혹했으면 좋았을 텐데……" 하고 그녀는 농담인지 진담인지 알 수 없는 얼굴로 나를 가볍게 노려보았지만, 공교롭게도 그 시간은 나의 진료소가 가장 바쁜 시간이었다.

여자의 약한 포인트를 시간대에 관해서 들어 보았지만, 또 한 가지 색채에 관해서도 독특한 약한 포인트가 있다.

당신은 여성이 발정하는 색을 알고 있습니까? 그것은, 보라색과 라벤더이다. "바의 호스티스 중에서 보라색을 좋아하는 여성이 있으면 그것이야말로 목표점이다. 설득은 십중팔구 맞다"고 말하는 바람끼 있는 중년남성을 알고 있다. 여기에도 어느 정도의 근거가 있는 것 같다.

보라색은 여성의 중요부분의 색이다. 특히 질의 대음순주위는 10대 처녀 때에는 예쁜 핑크색을 띠고 있지만, 성 체험을 할 때마다 점점 색소가 진해져 20대 후반 이후는 완전한 보라색이 된다.

그러므로 성숙한 여성은 보라색에 대해서는 2가지 반응을 나타낸다. 수치심에서 이 색을 까닭없이 싫어하는가 하면, 반대로 성적 흥분을 불러일으키는 색으로 편호(偏好)하든가 한다.

보라색 드레스를 입은 숙녀가 석양을 등에 받으며 나른하게, 또는 정처없이 길을 걷고 있다면, 이것은 하나의 찬스로 보아도 좋지 않을까.

자기 도취감에 호소하다

한때, '주지 않는다 족(族)'의 주부의 생태가 화제가 된 적이 있다. 남편이 상대하여 주지 않는다, 어린 아이가 말하는 것을 들어 주지 않는다, 시어머니는 마음을 터놓지 않는다, 어디를 보아도 '주지 않는다' 때문에, 차라리 바람이라도 피워라, 하는 것 같다. 실제로 이런 주부는 요즈음 세상에 적지 않으리라고 생각하지만, 이리하여 결국 바람을 피워 버리는 주부는 주인에게 그것을 알려도 그다지 놀라지 않았기 때문에 정말 기가 막혀 버렸다.

이것으로 알 수 있는 것은, 여자란 변명조차 멋지게 하면 남편이나 연인 이외의 남자와도 당당히 잠을 잘 수 있다는 것이다. 남자는 그 신체구조상 항상 성적 충동을 느끼는 동물이므로 "섹스하고 싶으면 한다"고 태연하게 말하지만, 여자는 정말로 하고

싫어도 반드시 그것을 무언가에 싸서 감추고 싶어하는 습성의
소유자이다.

따라서 당신이 만약 의중에 있는 여자를 침대로 유인하고 싶으
면, 그녀에게 그것을 결단내릴 만한 변명을 오블라트로 하나로
싸버리는 것이 최선책이다.

예를 들면 "내가 당신과 이렇게 된 것은 당신의 열의에 져버렸
기 때문이에요"라고 해도 좋고, "취한 저를 돌봐 준 당신의 다정
함에 완전히 빠져 버렸기 때문이에요"라고 해도 좋다. 잘못되었어
도 여성에게 "서로 같이 자고 싶었으니까 이렇게 된 것도 자연의
도리야" 따위로 이야기하는 것은 금물이다.

여기에 관련되어, 여성이 갖는 또 하나의 특징을 들어 보자.
그것은 여자는 자아도취의 경향이 매우 심하다는 것이다.

나르시스트야말로 남성과의 관계에서 자신이 러브스토리의
여주인공이 되고 싶어한다. 이것은 20 대 여성이라면, 아마 100
명 중 99 명의 공통 심리가 아닐까.

가능한 한 남성은 여성의 그런 소원을 도와 주도록 항상 명심해
야 한다. 여성을 설득하는데 무드 조성이 중요하다는 것이 정설로
되어 있는데, 그것은 그녀를 여주인공의 기분으로 만들어 주는
것이 무엇보다도 선결문제이기 때문이다.

무대를 선택하고, 대화에 몰두하여, 알콜에 취해, 춤으로 관능을
흔들며, 스킨 십으로 그 기분을 느껴 침대로 유도한다. 여성은
그 순서를 중요시하고, 기승전결 늦추고 당김을 좋아하며 비로소
남자의 손에 의해 함락되어 간다.

이런 미묘한 여자의 마음에 대한 깊은 통찰이야말로 남자에게
주어진 구애의 책임량인 것을 알아야 한다.

남성의 성적 매력을 여자는 민감하게 알아차린다

20 대에서 30 대의 여성들을 독자 대상으로 한 《FIT》라는 세이프업 잡지가 요전에 애독자에게 이런 앙케이트를 요구했다. (Q) 당신은 남성에게 성적 매력을 느낀 적이 있습니까? (예스라고 대답한 사람에게) 그것은 어떤 타입의 사람으로, 어떤 때였습니까? 100 명이 넘는 여성들로부터 회답 엽서가 보내 왔는데, 물론 '예스'라는 대답이 압도적으로 많아 90 %에 가까웠다.

시험 삼아 그들 회답 예의 일부를 소개해 보겠다.

· 부드러운 스포츠맨 타입의 남성. 운동한 뒤의 빛나는 땀(21 세, 전문학교생)

· 딱 벌어진 몸매의 남성. 술집의 카운터에서 마시는 그 뒷모습.(19 세, 연구생)

· 기골찬 남성이 해안을 유유히 걷는 모습(21 세, 교육대생)

· 수영 경기에서 물보라를 일으키는 선수의 힘찬 스트라이크 (23 세, 회사원)

· 늠름한 몸매의 30 대 남성이 열정적인 눈으로 자신의 일과 장래의 포부에 대해서 이야기할 때(26 세, 점원)

· 내가 떨어뜨린 10 원짜리 동전을 재빨리 주워 준 남성의 전율적인 미소(23 세, 회사원)

· 알게 된 지 얼마 안된 거동이 날렵한 남성의 떳떳하게 끊는 전화(31 세, 주부)

· 근처 수퍼마켓의 점원의 꼭 죄어진 히프와 풍만한 넓적다리 (46 세, 주부)

·평소 무뚝뚝한 옆 부서 남성이, 내가 매우 저조해 있을 때 의외
로 다정함을 보여 주었을 때(25 세, 공무원)

·어깨가 넓고, 가슴이 두터운 티셔츠 모습의 남성이 역 구내에
서 엇갈려서 나의 어깨에 부딪혀 '미안합니다' 하고 하얀 이를
살짝 드러냈을 때(26 세, 회사원)

대충 이상과 같다. 오늘날 여성들이 남성의 성적 매력에 대해서
얼마나 민감하게 그 시각, 취각을 움직이고 있는가를 알 수 있
다.

'매력적인 남자' 프로 스포츠맨

"아름답지 않고서는 남성이 아니다." "거동이 날렵하지 않고서
는 남성이 아니다."—이제는 여성은 남성에게 큰소리로 이렇게
외치고 있다고 생각한다.

예를 들면, 여성의 프로야구 팬은 옛날에 비해서 현저히 증가해
있다고 듣지만, 그것은 프로야구 그 자체에 매료되어 있을 뿐만
아니라, 최근 프로야구 선수 중에 '괜찮은 남성'이 매우 많기때문
이다. 남성들은 프로야구 선수의 힘과 기술에 매료되어 있지만,
여성은 그 선수에게 힘이 있던지 없던지는 그다지 편애의 척도가
되지 않는 것이다.

현재 자이언트군(群)에서 여성에게 가장 인기 있는 사람은
에가와(江川)나   니시모토(西本)나 시노쓰카(篠塚)가 아니라,
나카바다께(中畑)와 사다오까(定岡)라고 한다. 마찬가지로, 한신

(阪神)에서는 가께희(掛布)보다도 마유미(眞弓)쪽이 압도적으로 여성 팬이 많다. 쇼와 59년의 일본 시리즈를 제압한 히로시마 동양컵에서 여성에게 더욱 열렬한 시선을 받은 남성을 알고 있습니까? 그것은, 저 명 유격수 다까하시 요시히꼬(高橋慶彦)의 보조로서 좀처럼 수비 위치에 오르지 않은 모리와끼(森脇)라는 긴데쓰(近鐵)에서 이적한 선수인 것이다. 사다오까(定岡), 마유미(眞弓), 모리와끼(森脇)……. 시험 삼아 이 세 사람의 사진을 나란히 세워 놓고 보는 것이 좋다. 모두 윤곽이 뚜렷하고, 찡그린 얼굴에 달콤함도 있어 남자답게 핸섬하다는 것을 알 수 있을 것이다.

눈을 씨름의 세계로 돌려 보자. 현재 여성 팬이 압도적으로 많은 장사는 누구일까요? 선수권자 와까시마(大關若島)이다. 정말이지 찡그린 얼굴에, 정한한 마스크와 팔·다리. 초비만의 많은 중량급장사 중에서 그가 뛰어나게 다부진 체형을 지닌 것도 인기의 주된 요소일 것이다.

이 와까시마(若島)보다 확실히 좀더 강한 선수권자 후지(富土)는 유감스럽게 여성의 인기도는 반대로 좀 떨어진다. 선수권자 후지도 충분히 날렵하지만, 그 종합적인 성적 매력으로 이야기하면 와까시마쪽이 우세하기 때문이다. 프로 스포츠맨을 보는 여성의 강함, 능숙함은 2차적인 것으로, 럭스보다 뜨거운 시선을 보내는 것을 알 수 있겠지요?

남성의 아름다움과 날렵함을 발휘하자

일반적으로 남성이 좋아하는 여성은 2가지 타입이 있다. 다시 말해서 "아름답다"와 "귀엽다"의 어느 쪽이다.

여성이 좋아하는 남성의 타입도 이것과 마찬가지로 크게 나누어 2가지로 나눌 수 있다. "아름다운 육체의 소유자"이던지, "날렵한 민완가"이던지가 여성이 성적 매력을 느끼는 2가지 필수요소이다. 어느 쪽에도 해당하지 않은 남성은 유감스럽지만, 여성의 마음을 부추기는데 어려울지도 모른다.

'아름다움'에 대한 심취는 남성이나 여성이나 정말로 똑같다. 지금까지 세상에서 미남이 매우 적었던 것에 대해서 여성들이 불복하지 않았던 것은 남성에게는 사회를 움직이는 힘쪽이 아름다움보다도 중요하다고 생각하는 여성이 많았기 때문이며, 그 외에 소망을 묵묵히 마음속에 틀어박혀 버렸기 때문이다.

그러나 지금은 그런 시대가 아니다. 사회는 여성을 중심으로 계속 돌고 있다. 남성에 대한 여성의 주문은 보다 거리낌 없이, 보다 엄격하게 되어 있다. 지금 무섭게 증가하는 이혼증가율이 무엇보다도 그것을 여실히 말해 주고 있지 않는가. 통계에 의하면, 여자쪽에서 이혼을 요구하는 케이스는 전체의 95퍼센트에 달하고 있다.

동시에 '결혼하지 않은 여자'가 자꾸 증가하고 있는 사실도 또한 오늘날의 여성의 힘을 암시하고 있다고 말할 수 있지 않을까. 즉, 어지간한 남자와는 결혼하고 싶지 않다는 것이다. 오로지 '좋은 남성'의 출현을 기대한다. '아름다운 남성'이던지, '날렵한 남성'이던지 어느 쪽의 출현을…….

여배우 후지 마나미(富士眞奈美) 씨는 젊었을 때 곧잘 "아폴로 신과 같은 미남자가 좋아" 하고 호언장담했다. 사실 그녀가 결혼한 저술가인 하야시 히데치코(林秀彦) 씨는 체격은 그 정도는

아니지만, 얼굴은 멋진 마스크의 남성이었다. 유감스럽게 약 10
년의 결혼생활 후에 두 사람은 이혼하였지만, 일관되게 이상의
남성상을 무너뜨리지 않고 결혼생활에 대한 일관된 마음을 가지
고 있는 '좋은 여자'였다고 생각한다.

　미인 재즈 가수로서 중년남성에게 많은 인기를 받은 아가와
야스코씨는 "남성의 늠름한 뒷모습을 보면서, 한걸음 물러나서
걸어가는 짓이 좋아" 하고 말한다. 그녀는 이상적인 남성형으로서
늠름함, 날렵함, 다부진 남성다움을 든다. "좋은 여성은 거기에
어울리는 남성을 선택한다"고 말하지만, 아가와씨의 남성 취향을
보아도 그것은 잘 알 수 있는 것이다.

괜찮은 여성일수록 괜찮은 남성을 요구한다

"남자라고 해도, 육체가 아름답지 않으면 흥미가 없다"고 단언한 사람은 '부르스의 여왕' 아와다니 노리코씨이다. 이 사람은 여자 나이 벌써 70 세이지만, 그 풍부한 앨토 성량은 전혀 감소되지 않았다. "여자는 몇 살이 되어도 남자에 대한 관심을 잃치 않는다"고 말했기 때문에, 그 심신의 젊음에는 절실히 경의를 표했다.

미인 재즈가수라는 점에서 아가와 다이코씨보다 나으면 낫지 뒤떨어지지 않는 마나유 케이씨는, 남자의 겉모습보다도 내면에 '숨어 있는 강함'에 성적 매력을 느낀다고 한다. "예를 들어, 눈앞에 찬스가 있으면 지체 없이 그것을 확 붙잡는 남성입니다. 남성의 매력이란, 말 한마디 한마디에서 느낄 수 있는 향상심이나 야심에 있다고 생각해요."

한때 '액션 여배우'로서 각광을 받으며, 최근은 성숙한 여성으로서 제법 원숙미를 더한 시에미 에쓰꼬(志穗美悅子)씨도 "남성의 성적 매력은 그 내면에 가지고 있는 강한 의지나 신념과 관계가 있지 않을까요"라고 한다. 옛날부터 그녀는 불평 많은 남성, 변명하는 남성, 다른 사람을 미워하는 남성이 매우 싫었던 것 같다. 그래서, 항상 현상유지로 '이럭저럭 만족'이라는 정도의, 향상이 없는 남성은 정말로 싫다고 한다.

여기서 한참 위인 선배 유명여성으로, 일찍이 '사랑 많은 여성'으로 평가되는 2 명이 등장한다. 한 사람은 천하에 대여배우로 이전부터 유명한 야마다 이즈즈(山田五十鈴) 씨, 또 한 사람은 여류작가로서 지금도 염필(艶筆)을 휘두르는 우노치요(宇野千代)

이다. 이 두 사람의 공통점은 미녀로서의 이름을 떨쳐 20 대부터 40 대 사이에 화려한 남성편력을 경험한 것이다.

야마다씨의 사랑의 상대는 쇼와 초기의 잘생긴 스타 쓰끼다 이치로(月田一郎)를 비롯하여, 명장인(衣笠貞之助), 신극의 명배우인 가토(加藤), 시타모토(下元) , 다키(瀧), 그리고 신국극의 남자인 다쓰미(辰巳)로 이어진다. 어떤 사람도 뒤떨어지지 않은 괜찮은 남자인 것은 말할 나위도 없다.

우노씨의 사랑의 상대는 작가 오사키시로(尾崎士郎), 화가 토고 세이고(東鄕靜兒), 그리고 작가 기타하라 다케오(北原武夫)로 이어져, 오사키시로를 처음 본 순간 "이세상에 이렇게 잘생긴 남자가 있을까, 하고 생각했다"고 자신이 말하고 있는 것으로 알 수 있듯이 호남자만이 사랑의 대상이 아니었다. 정말로 괜찮은 여자일수록 괜찮은 남성을 구하고 싶어한다.

처자 있는 남성에게 여자가 끌리는 이유

잠수함은 아니지만, 오피스 러브(Office Love) 라는 것이 현재, 깊이 조용하게 잠행중인 듯하다. 다른 말로 '사내(社內) 정사'라고 할 정도이니까, 어떤 회사에서도 커플은 처자 있는 상사와 그 부하 여직원이다.

도대체 젊은 여성은 왜 처자 있는 훨씬 연상의 남자에게 끌리는 것일까? 내가 아는 증권회사에 근무하는 23 세의 여직원이 이렇게 말했다.

"역시, 남성으로서의 여유나 안정감이, 내 눈에는 훨씬 좋아보

여요. 부인을 잘 보살피는 책임감으로, 사회인으로서의 자신감이
보이고, 첫째로, 여자를 잘 알고 있겠지요. 여유 없는 남성은 아무
리 잘생겨도 전혀 매력을 느낄 수가 없어요."

여자의 본심을 직접 이야기하는 여직원도 있다. 그녀는 상사
(商社)회사에 근무하는 25세의 독신여성이다.

"얼굴에 나타내지 않지만, 여자는 언제나 섹스에 대한 기대가
매우 커요. 사내(社內)에서 남성과 교제하여 결국 섹스까지 가지
요. 포용력 있고, 능숙한 사람과 상대하고 싶어요. 그 점에서, 부인
이 있는 중년남성이라면 안심해요. 결혼에 쫓길 염려도 없으니까
요. 어쨌든 여자의 본심은 매우 즉물적(即物的)이고, 쾌락을 구하
는데 매우 탐욕적이에요."

처자 있는 멋진 남성에게 젊은 여성은 약하다. 그 독특한 여성
의 심리를 광고대리점에 근무하는 26세의 여직원은 색다른 말로
표현한다. "여성의 마성(魔性)이라고 곧잘 이야기하지요. 좀 괜찮
은 남성으로 부인이 있는 것을 알면 손을 뻗어 보고 싶어요. 그
남성과 섹스 관계를 갖는 것으로, 본 적도 없는 부인과 경쟁하게
됩니다. 여자 대 여자로 경쟁하여 불꽃을 튀기는 것을 좋아합니
다. 당신과 이렇게 되어, 부인에게 잘못했다고 사과하며 훌쩍훌쩍
우는 여자의 모습이 드라마에 자주 나오지만, 그것은 다 거짓말이
에요. 여자는 부인에게 라이벌로서 존재하는 것을 좋아합니다.
여자의 적은 여자이지요. 여자는 적을 가짐으로써 씩씩하게 살아
갈 수 있지요."

생활 냄새를 풍기지 않는 것이 중요

"아내가 있는 남성의 이런 점이 멋있어."—모 여성 월간지가 이런 타이틀로 도내의 20~24세의 독신 회사원에게서 여러 가지 이야기를 모아 놓았다.. 참고로 몇 가지를 추출해 보자.

· 단정하고 청결하며, 안정되어 있어서, 회사의 여성을 휘둥그렇게 바라보지 않는 남성(22세, 부동산회사 사원)

· 페미니스트도 아닌데, 여성에 대해서 언제나 자상한 마음씀을 잊지 않는 사람(24세, 사무기기회사 사원)

· 애처가인 체하는 사람은 싫다. 그렇다고 해서, 함께 있는데 아내의 '아'자도 입 밖에 내지 않는 사람도 생활배경을 볼 수 없으니까 싫다. 그 사람과 만나서, 2시간 동안 한 번인가 두 번, 아무렇지않게 부인 이야기를 하고, 나중에는 다른 화제로 시종일관하는 사람이 좋다(21세, 백화점 근무)

· 이 사람, 부인과 섹스를 얼마나 할까, 문득 상상하고 싶어지는 사람. 부인이 있으면 섹스 따위는 일상 다반사인데, 그런 냄새를 전혀 피우지 않는 사람에게는 매우 매력을 느낀다(24세, 장신구점 점원)

· 술에 취해도 결코 다른 사람의 험담을 하거나 불평을 하지 않는 사람이 좋다. 특히 부인 불평을 치근치근대며 이야기하는 사람은 최저. 이런 사람은 상사나 부하의 불평도 매우 좋아하여 어쩔 수 없다. 술을 마실 때는, 절반은 취했으면서도 다른 절반은 냉정함을 잃지 않는 남성이 좋다(23세, 상사회사 사원)

청결감, 안정감, 더없는 걱정 등이 젊은 여성이 본 남성의 매력 요인인 것을 알 수 있지 않을까! 그리고, 생활배경을 그다지 자랑하지 않는, 부부생활의 냄새를 거의 느끼게 하지 않는 점도 이외로 어필하는 것이다. 앞에서 다뤘듯이, 약간 불가사의한 남성이란 여자의 마음을 미묘하게 들뜨게 하기·때문일 것이다.

어쨌든, 여성은 언제나 탐욕으로 가득 찬 날카로운 눈으로 남자를 바라본다. 그 시선에 견딜 수 있을 정도의 성적 매력을 당신은 갖추고 있는지요? '자신 없다'고 고개를 흔든다면, 곧 매력 형성에 노력해야 한다. 시대가 당신에게 그것을 요구하고 있기 때문에.

5
실례가 증명하는 성공자의 비밀

핸섬했기 때문에 대통령이 될 수 있었던 남성

지난번 미국에서는 로날드 레이건이 대통령 선거에서 압승을 거두어, 장기간 정권을 확고하게 하였다.

들어 보면, "레이건은 당연히 재선되어야 했기에 재선되었다"는 소리가 압도적이었다고 한다. 그 이유는 그가 지닌 정치신조나 정책, 정치철학은 제쳐 두고 그 안정감, 풍격, 풍채 좋음, 그리고 무엇보다도 잘생겼다는 점이 미합중국의 대통령으로서 적격했기 때문이다.

"대머리, 뚱뚱보, 키가 작은 사람은 대통령이 될 수 없다"라는 하나의 불문율이 이전부터 미국에 있다. 대통령은 핸섬해야 한다는 자세야 말로 합중국 국민의 미의식인 것이다.

레이건 대통령은 벌써 70이 훨씬 넘은 노인인데, 그 단정한 용모에는 남성의 색기마저 느낄 수 있다. 그것은 그가 선천적인 미남인데다 주름 제거수술 등을 과감히 행하여, 그 용모 유지에

이만저만한 노력을 다하고 있기 때문이다.

　일국의 톱이 그 정도이니까, 재계(財界)의 톱도 같은 자세로 어필하려고 한다. 미국의 대기업의 사장이나 중역진은 모두 '좀더 제고, 아름답게'를 슬로건으로, 자신의 남자로서의 면목을 세워야 함을 고심하고 있다고 들었다.

　일본에서도 요즈음 조금씩 이런 풍조가 시작되고 있는 듯하다. 정·재계의 실력자 중에서 같은 세력을 지닌 두 사람이 있다고 하면, 보다 남성적인 매력이 있고 핸섬한 사람쪽이 여성에게 지지받는 비율이 훨씬 위라는 사실이 명백하기 때문이다.

　예를 들어 정치가라면 신자유 클럽의 대표 고노 요헤이(河野洋平) 씨나 자민당의 이시하라 신따로(石原愼太郎) 씨, 재계라면 서부그룹의 총수, 우시오전기 회장의 우시오 지로(牛尾治朗) 씨 등은 모두 보기 좋고 풍채 좋은 호남자이다.

　프로 야구의 세계를 보아도 팀 얼굴인 감독이 핸섬함으로 그 팀의 여성인기도 높은 것은 이미 증명되었다. 요 몇 년 동안 프로 리그 최고의 관객동원을 자랑하는 팀이 된 세이부(西武) 라이온스는 저 시원하고 스마트한 히로오까 다쓰로(廣岡達朗)가 감독이어서 많은 여성팬을 개척할 수 있었다고 말한다. 작년의 '일본 제일'의 히로시마 토요컵도 여성의 인기가 있는 부드러운 무주바(古葉)가 팀의 얼굴로서 군림하여, 히로시마 시민 구장에 많은 여성팬을 불러 오는 결과가 되었다.

50세가 되어도 청년 체형

히로오까 후주바의 두 감독이 왜 여성의 지대한 관심의 대상이 되고 있는가, 지금 깊이 파고들어 해명해 보자.

우선 두 사람에 공통되는 것은 연령을 느낄 수 없는 젊음이다. 한쪽은 50대 전반, 다른 한쪽은 40대 후반이다. 호적 연령으로는 괜찮은 아저씨일 텐데, 배가 전혀 나오지 않았으며, 청년으로 오인하는 것은 저 스마트한 체형 때문일 것이다.

게다가 생각난 것은 전 거인(자이언트) 감독의 후지다(藤田)씨이다. 어느 날 밤, 내 아내가 텔레비전에서 야간경기를 보다가 "앗, 등전이다. 당신 배가 나왔군요! 실망했어요" 하고 큰소리를 질렀다. 그 이야기를 듣고 나도 브라운관에 비치는, 투수 교대로 마운드로 걸어가는 모습을 보고 처음으로 그것을 알았다.

히로오까 감독보다 연상이지만, 50년배의 남성으로서는 몸매가 쑥 빠져 스마트하다고 보았는데, 새삼스럽게 다시 보니 배만 불쑥 나와 있지 않는가.

후지다씨가 놀라운 것이 아니라, 중년남성으로서 그것이 보통인 것이다. 그런데 히로오까도, 후루바도 보기 좋게 다부진 청년체형을 지니고 있다. 세상의 여성은 우선 여기에 매력을 느낀다.

덧붙여, 지성을 느끼게 하는 독특한 분위기이다. 야성적이고 우락부락한 남성이라고 할 수 있는 프로 야구의 감독상을 생각하면, 두 사람의 지적인 분위기에는 세련되었다는 표현이 잘 어울린다. 여기에도 여성의 가슴을 뛰게 하는 요인이 있는 것이다.

"저 두 사람 모두 먹어도 살찌지 않는 체질이므로 덕을 보는 것이다"고 배가 나온 중년신사가 삐딱하게 이야기할지도 모르지

만 이것은 다르다. 아무리 마른 체형인 사람도 섭생을 하지 않는
한 배만 나오게 되는 것이다.

　중년이라 하면, 프로 야구의 대우상인 나가시마 시게오(長島茂
雄) 씨는 쉰 살을 훨씬 넘었는데, 다부진 체형 그대로이다. 그는
지금도 매일같이 새벽에 조깅을 하고 있다고 들었다. 자신의 육체
에 긍지를 갖고 살아가는 남성은 중년이 되어도 끊임없이 섭생을
명심하는 것이다. 아름다운 남성이길 원한다면 향상심과 연마를
잊어서는 안된다.

예리한 두뇌와 설득력

　지금 시대에 '출세한 남자' '대성한 남자'가 되려면 여성에게
어필하는 보기 좋은 모습은 불가결하다. 그리고, 더 중요한 것은
그 남자다운 행동이 반드시 인간으로서의 알맹이 내용이 동반하
지 않으면 안된다.

　정·재계의 '괜찮은 남자'들이 두뇌에서도 얼마나 예리함을
지니고 있는가, 이것을 재인식하여야 한다.

　정계에서 으뜸가는 호남자 이시하라 신따로 씨는 섬세하고
치밀한 논리력과 분색력으로 타의 추종을 불허했다. 기관총과
같은 말의 연사(連射), 물샐틈없는 논지의 명쾌함, 수려한 말의
형용, 마치 이 사람을 위해서 있는 듯한 명석함이 어떤 말 상대라
도 감동시킨다.

　고노 요헤이(河野洋平) 씨의 침착 그 자체의 변설(弁舌)도 그
풍채 좋은 풍모에 어우러져 완전한 것이다. 부친인 고(故) 고노

이치로(河野一郎) 씨의 유산인 풍채의 강인함, 남자로서의 에너지
가 이 사람에게도 부족함 없이 갖춰져 있다. 선거를 하면 압도적
인 여성표를 모을 거라는 풍평대로, 정치가에게는 어울리지 않을
정도로 남성의 성적 매력이 물씬 풍겨 온다. 드물게 보이는 통솔
력과, 마음이 깊은 인간성에 대해서도 정평이 나 있다. 재계인으
로, 특히 많은 여성들로부터 지지받은 인물, 그는 우시모 지로
(牛尾治朗) 씨이다.

　컴퓨터 기기의 보급으로 목하 최고조인 우시오전기의 총수이
며, 임교(臨教)의 주요 멤버로서 전기공사의 민영구상의 리더로
활약하고 있는 이 사람은 또한 인기 있는 강연가로서도 오늘날
각광을 받고 있다.

　마치 전자두뇌와 같이 정교하고 임기응변의 그 변론, 계속적으
로 전공 숫자가 나오는 것도 이 사람의 강연 특징으로, 메모 하나
보지 않고 부드러운 어조로 그것들을 염출(捻出)해 낸다. 여성
수강자들이 숨을 죽이고 우시오씨의 강연에 심취되는 원인 중의
하나는 거기에 있다. 왜냐 하면, 그것은 저 다나까 가꾸에이(田中
角榮)도 미찬가지이지만, 메모도 보지 않고 어려운 숫자를 거침없
이 늘어놓을 수 있는 남성이란 여성이 보면 대단히 매력이 있기
때문이다. 여성에게는 아무리 발버둥쳐도 따를 수 없는 정밀한
남성의 두뇌를 거기서 느끼기 때문이다.

토꼬 토시오(土光敏夫)에게서 볼 수 있는 남자의 멋

　현재 행정개혁으로 분골쇄신하고 있는 재계의 토꼬 토시오씨의

풍모를 평해, "마치 옛 무사 같은 은근한 정취가 있는 남자다운 태도"라고 형용한 대기업의 사람이 있다.

분명히 토꼬씨는, 미안하지만 결코 호남자의 범주에 속하는 사람은 아니다. 그러나 의연히 오랜 인생의 풍설(風雪)을 맞아온 듯한 독특하고 강한 용모는 역시 '괜찮은 남자'라고 평가해도 부족함이 없지 않을까. 그리고 이 사람의 인생철학에는 단순한 아름다움이라고 할 만한 남성적인 매력이 있다.

"남성에게서 일을 빼앗으면 아무 것도 남지 않는다. 일반사원은 이것보다 3배 더 머리를 쓰고, 중역은 10배로 일을 하고, 나는 그 이상으로 일한다."

지금부터 20년 전, 당시 경영위기에 부딪힌 도시바의 새로운 사람으로서 이시까와지마 하리마(石川島播磨) 중공업 사장을 비롯하여 여럿이 함께 퇴진할 때, 이렇게 말하여 마구 독려한 것은 유명한 이야기이다.

그리고 토꼬씨는 사실 이것을 실행했다. 아침 7시 30분에 회사에 출근하여 자신이 직접 세일하러 돌아다녔다.

"맨 우두머리가 진정으로 일에 몰두하지 않고는 어떤 사원도 하지 않는다"라는 확고한 신념의 소유자였기 때문이다.

"인간은 능력에 따라서 일하는 것은 안된다. 능력 이상으로 일해야 한다. 이것이 대주의(大主義)이다. 다시 말하면, 중하주의(重荷主義)인 것이다. 예를 들면, 어떤 사람이 100kg의 물건을 든다면, 그 사람에게는 120kg의 물건을 들게 해본다. 그렇게 하여 그 사람에게 필사적으로 힘을 내면, 능력 이상의 일을 할 수 있게 된다."

이것이 토꼬씨의 일에 대한 철학이다. 단순하고 명쾌하지만 실로 힘차다. "일에 이유는 필요 없다. 매일 전력을 다해 살아라, 그러면 저절로 활로는 열린다"라고 말하고 있다.

또 한 가지, 토꼬씨의 대단함은 재계의 최고봉으로서 우뚝 솟아 있는 사람이지만, 검소한 생활양식을 결코 무너뜨리지 않는다는 점에 있다. 벌써 몇 십년 동안 주로 먹는 것은 정어리 말린 것과 야채조림뿐이라 한다. "일본인은 유복한 생활에 익숙해져서 최근에는 영양이 많은 음식만 섭취하지만, 약 10년 전까지만 해도 정어리와 야채만으로 식생활을 영위하였다. 나는 지금까지도 그것을 계속하고 있을 뿐이야. 일부러 많은 돈을 내서 지방질이 많은 참치를 먹지 않고 어느 정도의 영양을 취한다. 인간은 이 정도로 족하다. 고기 등을 너무 많이 먹어 많은 영양을 취하면 몸에 나쁘다."

90세에 가까운데 정말로 건강하다. 그 예리한 두뇌도 시들 줄 모른다. 단순함을 최상으로 하는 토꼬씨의 생활방식은 남자의 멋마저 느끼게 한다.

상대방을 부드럽게 감싸 주는 도량

지금, 전국 소장(少壯) 비지니스맨에게 경제인들 중의 동경의 대상이 누구일까요? 대중의 눈이 일치하는바, 그것은 바로 세이부(西武) 그룹의 젊은 총수로서 뛰어난 리더십을 발휘하고 있는 데이 요시아끼(堤義明)씨라 한다.

이제 막 50세를 맞이한 한창 때의 남성이다. '국토계획' '세이부 철도' '프린스 호텔' 그리고 '세이부 라이온스' 주인으로서, 매일

분·초 시각을 다투어 분주한 스케줄에 쫓기는 이 사람이야말로 일본의 소장 비즈니스맨의 정점에 선 능력 있는 남자 넘버원이라고 말해도 좋지 않을까.

침착한 풍모, 훌륭한 풍채, 숱이 많은 검은 머리, 외견적으로도 꽤 '멋있는 남성'이었기 때문에 휘하 기업의 여사원 중에서 특히 팬이 많았다고 들었다.

그리고, 이 데이(堤) 씨의 남성적인 매력의 주요 원인을 이루는 것은 부드러우면서도 강하고, 강하면서도 부드럽다고도 할 만한 이중적인 태도에 강함이 넘치는 독특한 비즈니스 감각, 경영철학이다.

이 사람은 먼저, 비즈니스에 있어서 노력과 성공과의 관계에 대해서 선뜻 이렇게 이야기했다.

"노력을 너무 과대시하지 않은 편이 좋아요. 아무리 노력해도 운이 따르지 않으면 비즈니스도, 사업도 절대로 성공하지 못합니다. 인간에게는 실력이나 노력 이외에 반드시 그 사람의 운·불운이 있어서, 실은 이것이 사업과 비즈니스의 성공·실패를 좌우합니다. 불과 수년 동안 몇 억이나 번 사업가는 모두 운이 따랐을 뿐, 결코 실력과 노력으로만 번 것은 아닙니다."

그러므로 이 사람에 의하면 탈(脫)샐러리나 자유업으로 대성공한 사람의 힘이란, 본인의 선견지명도 아니고, 단지 운이라고 한다. "저도 작년에 스키장을 3군데나 만들었는데, 모두 운이 따라서 좋은 성과를 얻을 수 있었지만, 이것은 나의 선견지명이 아니라 정말로 운이었다. 작년에는 눈이 많이 내렸지요. 그래서 맞아떨어진 거지, 특별히 계산해서 한 것이 아니예요." 뽐내지 않는 의젓함, 본심은 어디까지나 본심이라는 꾸밈 없는 남자다움이 우선 매력이 아닐까요! 한편으로 치밀한 두뇌를 이용하면서, 또 다른 한편으로는 도량이 큰 남성으로, 모르는 사이에 상대방을 부드럽게 감싸 주는 힘이 데이(堤) 씨에게 있는 것 같다.

일이 취미가 되어야 진짜다

좀더 데이 씨의 말에 귀를 기울여 보자. "자기 것은 자기가 제일 잘 안다고 생각하면 안된다. 이 일은 내 적성에 맞다든가, 맞지 않는다고 생각해도 자기 것은 가장 잘 모르는 법이다. 오히려 주위 사람들이 더 잘 알고 상사가 정확히 통찰하여 그 일에 맞는 급료를 준다. 그렇기 때문에, 주어진 일은 단지 묵묵히 열심히 하면 된다."

먼저 예를 들었던 토꾜 씨와의 공통점이 여기에 있지 않을까. 토꾜씨는 "나를 아는 것은 결코 좋은 일이 아니다. 100 kg 밖에 들 수 없다는 생각은 접어두고, 120 kg 을 들겠다고 단단히 마음먹고 일을 하라"고 말했다. 데이씨도 "자기의 적성은 자기가 정하지 말라. 그것은 다른 사람이 판단해 준다"고 말했다. 다시 말해서 공통점은 "자기의 능력을 안다는 거만함은 버려라"는 것이다.

거듭해서 데이 씨는 이렇게도 말했다.

"나는 이 일을 좋아하기 때문에 한다"라는 것은 정해(正解)가 아닙니다. 남성의 일이란 그런 것이 아니라, 하는 동안에 좋아지는 것이다, 그래서 가속도적으로 점점 몰두한다, 이것이 정해입니다."

남성의 일이란 어떤 것일까. 일은 연애결혼보다도 중매결혼쪽이

라고, 데이 씨는 말했다. 홀딱 반해서 결혼을 하면 그만큼 빨리
깨어난다. 중매결혼하면, 나중에 천천히 좋아진다. 충실하게 일을
하고 싶다면 후자를 선택하라.

"일이 취미가 되지 않으면 남자는 안된다"는 것도 데이 씨의
지론이다. 일을 하는 것이 즐겁지 않으면 안된다. 그렇지만, 취미
도 깊이 파고들면, 즐거움 뒤에 고통이 뒤따르듯이 일도 즐거움을
맛보는 데는 보다 힘든 괴로움에 맞설 것을 각오해야 한다. 즐거
움이 있으면 반드시 고통이 있다. 이것이야말로 남자의 인생이
다, 고 데이 씨는 말한다.

능력 있는 남성에게는 이유가 있다. 성공하는 남성에게도 이유
가 있다.

이제 슬슬 당신에게도 읽고 느낀 바가 있을 것이다.

인생의 절반은 마음껏 즐겨도 좋다. 하지만, 다른 절반은 그만큼
괴롭지 않으면 안된다. 그리하여, 즐거움과 고통의 균형을 잘 알고
있는 남성이 진짜 남성으로서, 진실로 '괜찮은 남성'으로서 여성의
마음을 사로잡을 수 있지 않을까!

제 2 편

성적 매력을 만드는 여덟 가지

1

아름다운 남성으로 변신하자

핸섬한 남성일수록 성공하는 시대

흔히 "30세가 지나면 자신의 얼굴에 책임을 져라"는 말이 있다.

10대·20대의 얼굴은, 말하자면 타고난 용모의 형태가 나오는 시기로, 이 시점에서의 얼굴이 잘생기고 못생김은 부모의 책임인 셈이다.

그런데 30세를 지날 때부터 얼굴은 인간의 내면을 반영하게 된다. 지성·교양·일에 대한 책임감, 게다가 경제력에 대한 자신(自信)이 저절로 얼굴에 나타난다. 그것이 필연적으로 '잘생긴 얼굴'을 만드는 것이다.

그러므로 30세가 넘었는데 여전히 잘생긴 얼굴이 아니라고 하면, 그것은 부모의 책임이 아니라 자기의 책임, 즉 내면의 결핍이 얼굴에 나타났다고 생각해야 한다는 것이 이 속언(俗諺)의 의미이다.

그러나 정말로 그렇게 단언할 수 있을까?

나는 오히려 그 반대라고 생각한다. 본래부터 '잘생긴 얼굴'이어야만이 사회에서도 신용받고, 그것이 본인에게 자신감을 주어, 나아가서는 인간의 내면의 충실로 이어지는 것이 아닐까 생각한다. 용모에 대한 컴플렉스가 있는 사람은 성격도 소극적이 되고, 일이나 대인관계가 잘 이루어지지 않는 경우가 많기 때문이다.

물론 여기서 말하는 '잘생긴 얼굴'이란 이미 말했듯이 단순한 조형미를 지닌 미남 미녀만이 아니라 뭐라고 말할 수 없는 운치 있는 지적인 얼굴이나, 웬지 호감이 가는 얼굴도 포함된다. 그 모든 것을 요약하면, 결국 잘생기게 타고난 사람쪽이 유리한 것은 틀림없다.

'비주얼 시대'의 처세술

잘생긴 사람이 유리하다는 것은 텔레비전이 보급되고 나서부터 더욱 강해진 경향이라고 생각한다. 텔레비전 덕분에 세계는 '비주얼 시대'로 변했다. 본래 활자를 매체로 하는 잡지마저도 컬러사진을 중심으로 한 비주얼 부분을 자랑하는 시대인 것이다. 어느새 시각적으로 호소하는 것이 없으면 돌아보지도 않는 시대라고 해도 좋다.

텔레비전과 함께 성장했다고 말할 수 있는 20세기 후반의 사람들은 시각적으로 물건을 선택하고, 먼저 눈으로 보아서 마음에 들면 내면의 문제로 옮겨 간다는 식으로 교육받은 것 같다. 그것이 '사람을 보는 눈'에도 미치는 영향을 쉽게 상상할 수 있다. 그것을 뒷받침하는 자료도 많다.

프랑스의 남성 월간지 《루이》에 '대유행! 남성에게도 미용정형 붐'이라는 표제기사가 실린 것은 벌써 2, 3년 전의 일이다. 프랑스 의 남성사회에 혁명적인 움직임이 찾아온 것을 보고하고 있었 다. 이제는 프랑스에서 남성의 미용정형은 지극히 당연한 일이 다.

일본에서도 최근 졸업을 앞둔 남학생 중에 리쿠르트용의 미용 정형을 희망하는 사람이 계속 늘어나고 있다.나의 진료소에도 그러한 학생이 많이 찾아온다. 세상에서 성공하기 위한 제1조건 은 잘생겨야 함을 그들은 본능적으로 느껴 알고 있는 것이다. 얼굴 이 못생긴 것만으로 비지니스의 성공은 고사하고 취직과 결혼의 길마저도 엄격히 제한되어 버린다. 일류 대학을 졸업하 고, 두뇌가 명석한 청년임에도 불구하고 못생겼다는 이유만으로 유명 기업에서 거절당하는 경우마저 있는 것이 속일 수 없는 현실 인 것이다.

그런 어리석은, 하고 생각하는 사람이 있을지도 모른다. 그러나 지금 세상에서 성공한 사람들을 생각해 보면 이해할 수 있을 것이 다.

예를 들면, 계속해서 등장하는 신인 가수가 잘 팔리는가 안 팔리는가는 노래를 잘하고 못함이 아니라, 얼굴이나 스타일의 좋고 나쁨에 있다는 것은 주지(周知)의 사실이다. 정치가들도 텔레비전의 화면이 잘 받는가 안 받는가가 선거의 당락(當落)의 결정적인 요소이다. 풍채가 시원치 못한 용모의 수상인 경우, 국민 의 지지율은 말할 것도 없다. 야구선수 또한 어느 정도 잘생긴 얼굴이 아니면 스타가 될 수 없다.

마음씨의 아름다움과 추함의 경우와 마찬가지로 이제는 얼굴의
아름다움과 추함의 문제는 여성만의 관심사가 아니다.

원래 남성은 여성보다 아름답다

자, 이렇게 된 바에는 우리 남성들도 아름다워지기 위해서 최대
한의 노력을 해야 한다. 그것이 일에서나 여성 관계에서도 플러스
되는 것이 명백한 사실인 이상, 핸섬하게 되기 위해 노력을 아끼
지 않는다.

남성의 가치는 얼굴이나 스타일이 아니라, 머리와 도량이 문제
인 것이다―라는 생각은 확실히 정론(正論)이다. 그렇지만 머리
와 도량이 위력을 발휘하기 전에 얼굴이 못생겼다는 이유로 세상
에서 배척당해 버리면 승부가 안된다.

원래 동물은 수컷이 암컷보다 아름다운 법이다. 사자의 씩씩한
갈기나, 공작의 화려한 깃털도 수컷에게만 주어진 것이다. 수컷이
암컷보다 미운 것은 동물 중에서 사람뿐이다. 이유는 남성이 여성
보다 멋에 신경을 쓰지 않기 때문이다. 동시에 여성들이 인간
이외의 동물에게는 없는 화장이라는 테크닉을 사용하여 스스로를
화려하게 꾸몄기 때문이라고 말할 수 있다. 본래 남성은 아름다운
것이다.

나는 이 책에서 남성이 아름다워지기 위한 테크닉을 전개해
갈 계획이다. 그리고 당신이 여성에게서나 남성에게서나 '잘생겼
다' 또는 '멋있다'라는 찬사를 받을 수 있도록 비결을 가르쳐 주고
자 한다. 용모와 자태에 대한 컴플렉스를 벗어나자마자 사태는

'코페르니쿠스적 회전'을 이룰 경우가 많다.

언제까지나 여성에게만 아름다움에 도전을 하게 하는 것은 아니다. 80년대 후반을 미남자에 대한 도전의 해로 해야 되지 않을까. 얼굴이나 스타일에 대한 자신이 당신의 평상시 태도에 좋은 영향을 미쳐 그것이 비지니스에도 좋은 결과를 반드시 가져다 주기 때문이다.

핸섬에 도전

한마디로 핸섬해지라고 해도 구체적으로 어떻게 하면 좋을지 모르는 사람도 적지 않을 것이다. "태어날 때부터 계속 이 얼굴이었는데 새삼스럽게……" 하고 방치해서는 안된다. 지금부터서라도 핸섬해지도록 노력해야 한다. 그래서 핸섬하게 되는 포인트를 소개한다.

먼저, 남자다운 청결감을 어필하자. 눈꼽이 끼고 구레나룻수염을 기르고 있는 남성은 아무리 얼굴이 잘생겨도 여성은 경원(敬遠)한다. 와이셔츠 칼라와 손목 부분이 더러운 것도 싫어하는 원인이다. 가까스로 여성을 호텔로 유인하여, 정작 중요한 때 와이셔츠 칼라가 더러워져 있으면 모처럼의 무드가 엉망이 된다.

항상 여성은 남성을 관찰하고 있다. 그래서 불결한 면을 하나라도 발견하면 "저 남성은 불결해" 하고 딱지를 붙여 버린다. 딱지가 붙지 않기 위해서도 남성은 언제나 청결해야 한다. 적어도 그것이 여성과 만날 때의 최저의 매너이기 때문이다.

이 매너 속에 헤어스타일도 포함된다. 비듬투성이인 부수수한 머리는 여성에게 불쾌감은 주어도 결코 호감은 주지 않는다. 그렇다고 해서 머리의 가리마를 반듯이 하고 소위 리쿠르트에 나오는 사람처럼 하는 것도 개성이 없다. 당신의 개성을 연출하기 위해서도 헤어스타일에 신경을 써 주길 바란다.

최근에는 남성도 미용실을 이용하는 경우가 많아졌다. 어쨌든 자기에게 어울리는 헤어스타일을 하기 위하여, 거리낌 없이 미용사에게 상담하는 것도 하나의 방법이다.

패션에 신경을 쓰는 것은 핸섬하게 되기 위한 포인트의 하나이다.

매일 똑같이 낡아빠진 양복과 넥타이로는 여성의 관심을 끌 수 없다. 그렇다고 해서 패션모델처럼 매일 양복을 바꾸어 입는 것도 인격을 의심할지 모른다.

요는 코디네이트이다. 같은 양복이라도 넥타이를 조금 바꾸어 매면 분위기는 완전히 바뀌는 법이다. 그런 연구가 여성의 눈길을 끈다. 여성은 자기의 패션센스에 항상 신경을 쓰고 있기 때문에 다른 사람, 특히 남성의 패션 센스에도 민감한 것이다.

패션에서 잊어서는 안될 것은 목적에 맞는가 안 맞는가이다. 모처럼의 데이트인데 여느 때처럼 같은 검정 양복에 넥타이를 맨 모습은 흥이 깨져 버린다. 함께 걸어서 부끄럽다고 생각되는 남성이라면 두 번 다시 데이트할 수 없다. 일은 일, 놀이는 놀이라고 옷으로 구분지을 필요가 있다.

또 이 때의 헤어스타일도 중요한 포인트가 된다. 헤어스타일과 옷이 잘 매치되어 있으면 당신의 패션 센스는 최고라고 말할 수 있을 것이다. 헤어스타일이란 그 사람의 이미지를 간단하게 바꿀

수 있다. 때로는 헤어스타일을 바꿈에 따라 신선한 자극을 주는
것도 좋을 것이다.

　이상, 핸섬하게 되기 위한 포인트를 소개해 드렸다. 그러나 보다
핸섬하기 위하여 얼굴과 몸(체형)에 직접 손보지 않으면 안되는
경우도 있다. 그러기 위해서는 전문 성형외과 의사와 상담할 필요
가 있을 것이다.

피부의 반점이나 흉터가 인생을 어둡게 한다

자기 육체를 100 퍼센트 완벽하다고 만족해 하는 사람은 극히
드물다. 어지간한 나르시스트가 아닌 이상, 자기의 용모나 자세,
또는 체격에 조금은 컴플렉스를 가지고 있는 것이 보통이다.

코가 조금만 더 높다면이라든가, 눈이 약간 커 시원스럽다면이
라든가, 이가 고르다면이라든가, 키가 5 ㎝ 만 크다면…… 등등,
누구라도 고민은 있는 법이다. 이런 고민 중에서는 분명히 욕심이
지나치거나, 없는 것을 달라고 조른다고 생각되는 경우도 적지
않다. 본인이 신경쓰는 만큼 주위 사람이 '못생겼다'고 생각하지
않는 경우도 많다.

거기에 비해 피부의 반점에 대한 고민은 훨씬 심각하다. 특히
얼굴에 있는 빨간 반점이나 파란 반점은 다른 사람에게는 알 수
없을 정도로 정신적인 고통을 본인에게 주고 있다. 젊은 여성은
반점을 부끄러워하여 학교나 회사에 가는 것을 싫어하고, 집에
틀어박혀 버리거나 때로는 자살하기도 한다.

남성의 경우도 마찬가지로 "남성은 얼굴 따위에 신경쓰지 않으
니까" 하고 아무리 위로해 주어도 본인은 심각하게 괴로워하고
있다. 모처럼의 혼담에도 도망치려고 하거나 다른 사람 앞에 나가
는 것을 싫어하여, 비지니스에서 소극적이 되기도 하는 등 눈에
보이지 않는 부채를 짊어지고 있는 사람이 적지 않다.

N 군은 학생시절에 야구부의 에이스로 활약한 스포츠맨이다.
성격도 명랑하고 잘생긴 청년이었지만, 왼쪽 이마에 콜타르를
딱 붙인 듯한 진한 반점이 있었다. 색소성 모반이라는 것으로
암흑색의 반점이다.

그 자신은 반점 따위는 전혀 개의치 않고 신입사원으로 열심히 일했다. 회사의 상사나 여사원들 또한 전혀 반점 따위에 신경을 쓰지 않는 듯하였다. 그의 어머니가 "결심하고 치료를 받거라" 하고 권해도 "이 정도로는 괜찮아요" 하고 계속 거절했다.

그런데 어느 날 밤의 일이다. 잔업으로 늦어진 그가 사무실에서 막 나오자 마침 내려가는 엘리베이터가 멈춰 있었다. 문이 닫히려는 순간 그는 용케 탈 수 있었다. 엘리베이터 안에는 소녀가 한 명 타고 있었다. 주거용으로 지정된 고층 맨션에 살고 있는 중학생 정도의 소녀였다.

그녀는 뛰어들어온 그의 얼굴을 보고 순간 '앗' 하고 작게 비명을 질렀다. 곧, 같은 빌딩의 사무실에 있는 사원임을 알고 '후' 하고 안도의 숨을 내쉬었다. N 군은 소녀의 기분을 곧 알 수 있었던 것이다. 얼굴을 본 순간, 깜짝 놀라서 틀림없이 공포에 몸을 움츠렸을 것이다. 여기에 가까운 체험은 몇 번이나 있었다. 어릴 때에는 친한 친구에게 '바위'라고 불리운 적도 있었다.

"회사의 동료나 친구들이 태연하게 이성으로 억누르고 있는 것일까……. 어느 소녀가 순간 비명을 지른 것처럼, 내 얼굴은 다른 사람에게 그렇게 불쾌감을 주는 걸까" 하고 N 군은 생각했다. 그가 나의 진료소를 찾아온 것은 그로부터 며칠 후의 일이다.

작은 반점이라면 깨끗하게 제거할 수 있다

이제 막 받은 보너스와 지금까지 모은 저금을 모두 가지고 나타난 N 군은 "이것으로 내 얼굴의 반점을 제거해 주세요" 하고 신중하게 이야기하였다.

왼쪽 이마에서 눈썹 꼬리까지 있는 새까만 반점은 색소성 모반이 심했지만, 다행히 반점의 범위는 비교적 좁다.

"걱정 없어요. 1년 후에는 완전히 깨끗하게 됩니다. 돈도 그렇게 많이 들지 않아요."

나의 설명을 듣던 N 군의 얼굴은 환하게 빛났다. 회사에서 하기 휴가를 빨리 얻어 다음 주에 즉시 수술하기로 했다.

N 군처럼 범위가 좁은 색소성 모반인 경우, 가장 효과적인 방법은 반점 부분의 피부를 싹 도려내서 꼼꼼하게 꿰매는 방법이다. 커다란 점이나 팥만한 검은 사마귀 등을 제거하는데 자주 사용되는 방법이다.

주름지는 방향으로 메스의 절개선을 넣기 때문에, 흉터도 거의 눈에 띄지 않아 거짓말같이 깨끗하게 된다.

N 군의 경우, 반점의 크기로 한번에 꿰맬 수가 없기 때문에 최초의 수술로 주변부의 반점을 약 절반 정도 잘라내서 꿰맸다. 그 상태가 일단 안정되고 난 후 남은 반점을 전부 절개하여 다시 꿰맨 것이다.

1년 정도 지났을 때는 절개선의 흉터도 거의 없어졌다.

이 봉축법은 반점 제거에 가장 좋은 방법이지만, 범위가 너무 넓거나 여유가 없는 피부에는 적용할 수 없다. 얼굴의 절반 정도, 또는 전면에 반점이 퍼져 있는 사람들에게는 무리인 것이다. 한마디로 반점이라고 해도 종류는 여러 가지이며, 치료법도 거기에 따라 다르다. 반점의 크기, 성질, 깊이 등을 잘 보고 가장 효과적인 방법을 선택하는 것이다. 앞의 봉축법(縫縮法) 외에 드라이 아이스법(반점 부분의 피부를 동상에 걸리게 하여 조직을 죽이는 법), 아브레준법(글라인더로 반점을 도려내는 법), 레이저광선법 (레이저로 반점을 태워 없애는 법), 전기응고법(電氣凝固法 ; 전기 메스로 반점이 있는 표면조직을 파괴하는 법), 피부이식 수술 등의 방법이 있다. 이들 방법을 몇 개 병용하는 경우도 많다.

어떤 반점이라도 끙끙거리지 말고 성형외과 의사와 상담하여 제거할 수 있는 것은 제거해야 한다.

그래서 인생이 밝아진다면, 수술 비용 따위는 싸다고 말할 수 있지 않을까.

젊은 소치의 문신도 제거할 수 있다

말이 나온 김에 이야기하면 같은 수법으로 문신도 제거할 수 있음을 알아 두면 좋다. 오늘날 미국에서는 젊은 여성도 팔에 문신을 새기는 것이 대유행으로, 일본에서도 마찬가지이다.

지난번에 내가 다룬 케이스는, 젊은 여성이 넓적다리에 '내 목숨은 가츠씨'라고 새긴 것이었다. 매우 사랑한 남성이기에 사랑의 증거로서 문신을 하게 했지만 그 남성과 헤어져 다른 사람과 결혼하게 되어서 "이대로 결혼할 수 없어요, 어떻게 해주세요" 하고 울며 매달렸다.

단지 이러한 글씨 문신의 제거수술은 비교적 간단하다. 먼저의 반점과 마찬가지로 봉축법으로 제거할 수 있다. 범위가 좀더 넓은 것, 예를 들어 넓적다리에 새긴 장미꽃이라든지, 팔에 새긴 뱀문신 따위는 봉축법을 반복 사용하여 제거한다. 두 번이나 세 번 정도 반복하여 행하는 경우도 있다.

다만 어깨에서 두 팔에까지 걸쳐 있는 본격적인 문신의 경우는 문제다. 특히 전문가(문신쟁이)가 아닌 사람이 깊이 새긴 것은 힘들다.

문신의 잉크가 피부 깊숙이까지 들어가지 않은 것은 박피(剝皮) 글라인더로 깎아, 레이저 광선으로 태워 없애서 비교적 깨끗하게 제거할 수도 있지만, 먹물이 깊숙이까지 들어간 경우는 피부이식 할 수밖에 다른 방법이 없다.

예를 들면, 팔 부분의 문신이 있는 피부를 전부 도려내고 거기에 다리 피부를 떼어내서 이식하는 방법이다. 이 방법은 피부를 잇는 부분이 아무래도 흉터로 남아 때로는 켈로이드(Keloid) 모양이 되는 경우도 있다.

그러나 문신을 등 전체에 새긴 채의 사회적인 핸디캡을 생각하면, 약간의 상처 자국은 아무렇지도 않게 생각해야 할 것이다. 오늘날 일본에서는 문신이 있는 인간은 성실한 사회인으로 간주되지 않는다.

젊은 혈기의 실수는 후회만으로는 해결할 수 없으므로, 문신을 제거하고 반드시 세상에서 앞만 바라보고 살아가길 바란다.

2
호리호리한 몸매를 유지할 것

뒤룩뒤룩 살찐 사람은 사회에서 배척당한다

'뚱뚱한 사람'이라는 말에는 일종의 유머러스한 느낌이 있어서 나는 아무런 저항도 없이 사용하였지만, 곰곰이 생각해 보니, 이것도 오늘날 모두가 신경을 곤두세워서 '차별 용어'로 지정할 만한 단어인지도 모른다.

다만 현재 신문이나 텔레비전 등에서 볼 수 있어 아직은 차별 용어가 아닌 것 같아서 이 책에서는 그냥 '뚱뚱한 사람'이라는 단어를 사용한다.

최근 '뚱뚱한 사람'은 사회 제일선에서 모습을 감추고 몰래 부끄럽게 살아가지 않으면 안되는 시대가 된 것 같다. 미국과 유럽에서도 정치·경제·문화·예술·매스컴·종교의 저널 등 제일선에 서서 활약하는 사람들 중에는 우선 살찐 사람이 없다. 결코 살찐 사람이 감소된 것은 아니다. 사회가 살찐 사람을 거절한 것에 지나지 않는다. 이 경향은 지금 일본에 파급되고 있다.

왜, 사회가 살찐 사람을 거절하는가? 그 첫째의 이유는, 살찐 사람에 대한 세상의 이미지가 결정적으로 바뀌어 버린 것이다. 일찍이 비만자에게는 "풍채가 좋다, 관록(貫祿)이 있다, 돈 회전이 좋은 것 같다"고 말했듯이, 좋은 이미지였다. 그러므로 고생하여 대기업의 총수가 된 사람은 어떻게든 뚱뚱하게 하여 관록을 붙이려고 노력한 것이다. 그러나 그것도 옛날 이야기. 이제는 기업의 총수는 호리호리한 몸에 시원스럽게 활동하는 것이 절대조건이라고 말한다. 뚱뚱하게 살이 찐 사람은 처음부터 간부후보생에마저 끼지 못하는 상황이다.

살찐 사람에 대한 이미지가 이렇게까지 나쁘게 된 이유는 결국 "살이 쪄서 아무 것도 좋을 것이 없다. 건강이나 출세를 위해서도 너무 살찐 것은 좋지 않다. 그것을 알면서도 살이 찐 사람은 자신의 몸도 컨트롤할 수 없는 의지박약자로 무책임한 인물이다"라는 식으로 살찐 사람을 평가하기 때문이다.

이 현상은, 예를 들어 다음과 같은 사실로 나타난다.

① 살찐 사람에 대해서, 취직이나 승진·결혼·연애 등의 기회가 매우 폐쇄적이 되었다. 우리 주변을 둘러보아도 일류 사회에서 출세 코스를 걸어가는 간부 중에 살찐 사람이 없다는 사실, 또는 살찐 여성은 모든 사람이 부러워하는 연애결혼을 한 예가 극히 드물다는 것을 쉽게 찾을 수 있다.

② 살찐 사람에 대해서 '유머러스하고 호감이 간다'라는 이미지는 완전히 사라지고 대신에 '불유쾌하여 타기(唾棄)할 만한 존재'라는 최악의 이미지가 정착했다. 즉, 살찐 사람은 떳떳하지 못하게 되었다.

③ 살찐 사람은 병자이며, 건강한 사람 축에 끼일 수 없다는 의견

이 일반적이었다. 때문에 살찐 사람의 교제 범위는 좁아져, 스포츠나 리크리에이션에서도 점점 멀어지는 결과가 되었다.

이런 상태로, 살찐 사람을 둘러싼 환경은 극히 비극적이다.

확실히 비만은 의사의 입장에서 말해도 바람직하다고 말하기 어렵다. 심장병·뇌졸증(腦卒症) 등의 치명적인 병을 초래하는 비율이 매우 높고, 당뇨병이나 정력감퇴, 임포텐츠(Impotenz)에 걸리는 비율도 대단히 높다.

이런 폐해(弊害)를 알면서도 과식을 계속하고, 자기의 체중을 컨트롤할 수 없으니까 역시 살찐 사람은 의지가 약하다고 판단되어도 어쩔 수 없다고 생각한다.

심장 발작이나 뇌졸증의 위험도 높다

이제는 비만의 장점은 아무 것도 없다고 해도 좋다.

이따금 "살이 찐 것은 체력이 있다는 것이므로 눈 오는 산에서 조난당했을 때 살아 남을 비율이 높은 장점은 있지 않을까요?" 하고 반론해 오는 사람이 있지만, 정말로 어리석은 이야기이다. 눈 오는 산에서 조난당하는 것은 보통 사람이라면 일생에 한번도 없을 정도로 드문 경우이다. 그렇게 드문 경우 때문에 살찐 쪽이 낫다고 이야기하는 것은 아무리 생각해도 불합리한 이야기이다. 첫째, 살찐 사람이 눈 오는 산에 도전하려고 마음을 굳게 먹기조차 어려우며, 이런 때의 승산(勝算)은 뭐니뭐니 해도 지방의 두께보다도 의지가 강한가의 문제인 것이다.

그것보다도 비만의 단점을 들어 보면, 작은 종이에 다 쓸 수 없을 정도로 많다. 앞서도 서술했지만, 심장 발작이나 뇌졸증 등의 병에 대해서 비만한 사람일수록 위험성이 높다. 당뇨병에도 그 유인(誘因)은 거의 100 퍼센트가 비만하기 때문이다.

섹스면에서도 혈행불량(血行不良)이나 운동부족으로 비만한 사람에게 임포텐츠가 높은 것은 의사 사이에서도 상식이다. 불능으로 서지 않게 되는 것도 배가 나왔기 때문에 성기가 빈약하게 보이거나 자기의 보기 싫은 체형 때문에 여성에게 소극적이게 되면서부터이다.

또 하나 나쁜 점은, 살이 찌면 배에 있는 지방이 흘러 내리기 때문에 페니스의 포피(包皮)가 밀려 어느 사이에 포경(包莖)이 되어 버리는 경우도 있다. 살이 찐 사람에게 포경이 많은 이유는 이 때문이다.

세상에서는 '뚱뚱보, 뚱뚱보' 하고 놀림을 받고, 회사에서도 출세할 수 없고, 심장병과 뇌졸중의 공포에 떨고, 게다가 섹스도 할 수 없고, 포경까지 도맡아 걱정하지 않으면 안된다.

비만이야말로 남성의 가장 큰 적이다. 슬슬 중년에 돌입하려는 남성 여러분이여, 꼭 비만에는 조심하시라. '뚱뚱보'라고 낙인 찍혀 사회의 낙오자가 되지 않도록, 지금 당장 결심하시라.

그런데 '뚱뚱보'가 되지 않기 위한 방법도 꼭 한 가지, 과식하지 않는 것이다. 보다 더 좋은 예방책은 없다.

이렇게 하면 반드시 감량(減量)할 수 있다

일반적으로 남성 체중이 100킬로, 여성이 80킬로를 넘으면 초비만이라 불리는 범주에 속한다. 그 다음 순위는 남성 90킬로, 여성 75킬로를 넘으면 이것도 훌륭한 뚱뚱보이다. 일단 표준신장일 때의 이야기이다.

역사상 최대의 뚱뚱보로 알려진 사람은 미국의 존 브라워 믹이라는 사람으로 병원으로 옮겨졌을 때는, 추정하건대 635킬로 이상이라고 판단된다. 침대에서 돌아눕히는데에 13명이나 필요했다고 하니 놀랄 만하다. 그는 2년간의 요양으로 250킬로까지 감량, 그 후도 감량을 계속했다는 이야기이지만, 어쨌든 비만도 여기까지 가면 완전히 병자이며 폐인이다.

그러므로 평소부터 체중 조절에 주의해 주길 바란다. 그러나 이미 불행하게도 '뚱뚱한 사람' 축에 끼였다면 다음 방법으로 살을 빼는데 노력해 주었으면 한다.

말할 것도 없는 것이지만, 일단 뚱뚱하다면 그 체중을 빼서 정상인으로 복귀하는 데에는 매우 강한 인내력이 필요하다. 꼭 무슨 일이 있어도 그 시련을 견디어 보기 좋게 감량에 성공하여 사회의 낙오자가 되지 않길 바란다.

우선, 감량을 위한 처음이자 마지막인 요령은 식사를 줄이는 것이다. 과식한 것이 원인으로 뚱뚱하게 되었으므로 먹지 않으면 살이 빠지는 것은 명백한 사실이다. 그런데 뚱뚱한 사람에게 이것은 상상할 수 없을 정도로 힘든 것이다. 배고프다는 고통을 견디지 못하고 "에라 어떻게든 되라" 하고 먹을 것에 손을 내밀어 결국 포기해 버린다. 그래서 점점 더 살이 찐다…….

이 비참한 상태를 피하기 위해서 작은 양의 식사라도 시간을 두고 천천히 먹으면 꽤 만복감이 생긴다는 것을 알아 두자. 천천히 먹는 동안에 혈액 중의 혈당치(血糖値)가 서서히 상승하여, 어느 수치에까지 달하면 급속히 만복감이 생기기 때문이다. 즉, 혈당치가 올라감에 따라 '만복중추(滿腹中樞)'라는 신경이 자극받아 만복감을 느끼는 것이다.

만복감을 낳는 또 하나의 요소는 위(胃)의 신장(伸張)이다. 이것은 위 안에 많은 음식물을 채워 넣음으로 만족한다. 그렇지만 이러한 가득 찬 만복감이 비만을 초래하는 원흉인 것은 자명한 이치이다.

비만자의 식사를 보고 있으면 모두 놀랄 정도로 먹는 속도가 빠르다. 속도를 늦추어 천천히 먹어서 감량에 성공한 사람도 많다. 엽차를 벌컥벌컥 마시거나, 칼로리가 없는 꼬냑 등을 마시는 것도 위벽의 신장으로 공복감의 완화에 어느 정도의 효과를 낸다.

둘째로, 적당한 스포츠를 하여, 마음을 긴장시킬 필요도 있다. 스포츠 친구를 사귐으로 다른 사람보다 뒤지지 않으려는 힘도 생기고, 동료와의 연대감도 생기기 때문이다.

셋째로, 여자친구를 사귀어서 섹스에 힘쓰는 것이다. 성행위 그 자체가 나무랄 데 없이 좋은 운동이 되고, 여자친구가 생기면 비만한 몸이 보기 싫다는 생각이 절실히 느껴지게 된다. 그 생각이 세이프 업(shape up)에 열심을 갖게 해주는 것이다.

어쨌든 오직 식욕으로만 향해 있던 욕망을 다른 것(경쟁심이나 성욕)으로 돌리는 것이 중요한 것이다.

비만자에게 임포텐츠가 많은 이유

이렇게 '살찐 사람 일소(一掃)'를 큰소리로 외쳐도, 아직 감량할 결심이 서지 않은 사람이 있을지도 모른다. 결정타 한 발을 날려보자.

비만은 당뇨병을 야기하는 제1의 요인이다. 당뇨병이라는 병명을 잘 알고 있는데 비해, 어떤 병인지 알고 있는 사람은 적은 것 같다. "소변 속에 당이 섞여 나오는 병일 것이다"라든가, "임포텐츠가 되는 것 같다"라든가, "성인병의 일종이다"라는 정도의 인식인 것 같다. 암, 심근경색(心筋梗塞), 뇌졸증이라는 병이 화제가 되면 오싹하는 듯한 얼굴로 귀를 기울이는 사람도 이 당뇨병에 대해서는 그냥 흘러 버리는 경향이 있다.

그러나 사실은 중년세대가 무엇보다도 주의하지 않으면 안되는 병이 당뇨병이다. 이 병에 걸리면 암이나 심장병에 걸릴 경우,

매우 고치기 어려울 뿐만 아니라 사망율도 훨씬 증가한다.

당뇨병이란 한마디로, "장(肝臟)의 랑게르한스섬 부분의 반응성이 저하되기 때문에 인슐린 호르몬이 충분히 분비되지 않은 병"이다.

인슐린 호르몬이 분비되지 않으면 혈액 중에 포함되어 있는 당분이 몸의 각 부분의 세포에 흡수되지 않는다.

그러면 몸의 세포는 당분의 보급을 받을 수가 없어 기아상태가 되어 필연적으로 몸은 눈에 띄게 약해진다. 당뇨병에 걸리면 "쉬 피곤해진다" "체력이 떨어진다" "다른 병에 대한 저항력이 약해진다"고 말하는 것이 당연하다고 납득이 갈 것이다.

당뇨병에 걸리면 체력이 현저히 약해지기 때문에 결핵, 폐렴, 신우염 등의 감염증에 대한 저항력을 잃어 병에 걸리기 쉽다. 신경장해를 일으켜 다리가 저리거나 아프기도 한다. 또한 동맥경화증이 나타나기 때문에 뇌경색(腦梗塞), 심근경색 등의 발작도 일어나기 쉽다. 당뇨병은 정말로 무서운 병으로 단순히 "소변에 당이 나올 뿐"이라고 태연하게 말하는 것은 큰일 날 일이다.

당뇨병에 걸린 사람은 임포텐츠가 된다고 자주 말하지만 이것은 신경장해가 진행되어, 다리뿐만 아니라 하반신의 신경까지도 파괴되기 때문이다. 그렇게 되겠다면 벌써 꽤 심한 상태로 그런 상태가 될 때까지 방치해 둔다는 것은 이해할 수 없다. 당뇨병은 바로 불능이라고 생각하는 것은 잘못된 생각이다.

어쨌든 당뇨병이 얼마나 무서운 병이고 또한 비만이 당뇨병의 최대 원인이라는 것을 알아 두길 바란다.

1985년 2월 미국의 국립위생연구소에서 개최한 전 미국의학연구자회의에서 다루어진 주제가 '비만'이었다. 그 회의 결론으로

"비만은 일반적으로 생각하고 있는 것보다 훨씬 무서운 '병'이다"라고 보고된 것을 알고 있는 분도 많을 거라고 생각한다.

비만자는 정상인보다도 고혈압이 5배나 많고, 당뇨병도 2.9배나 많다고 지적될 뿐만 아니라, 암 발생 빈도도 압도적으로 높고, 단명(短命)한다고 보고되고 있다. 미국에서 가장 권위 있는 의학회의의 보고를 정말로 심각하게 받아들이길 바란다.

그래도 살쪘다고 말해도 태연하게 있는 당신, 감량작전을 시도하는 것에 저항하겠습니까?

3

젊음을 유지하도록 노력하라

머리가 얼굴의 이미지를 만든다

인간의 겉모양에서 좋고 나쁜 인상을 주는 결정적인 요소는 눈과 머리이다. 사람은 헤어스타일 하나로 몰라볼 정도로 바뀌는 것이다. 머리는 그림이나 사진의 액자라고 생각하면 된다. 액자가 좋으면 그림이나 사진도 훨씬 멋있게 보인다. 헤어스타일과 얼굴의 관계도 마찬가지이다.

예를 들면 배우 콘도(近藤)씨. 그의 얼굴은 코, 입, 눈 모두 특별히 내세울 만하지 않고 평범하다. 그렇지만 눈, 코, 입 모두가 일단 요령 있게 얼굴에 배치되어, 긴 머리가 그것을 둘러싸면 그렇게도 여린 얼굴이 되는 것이다. 말하자면, 머리만 있는 듯한 얼굴로, 저 머리가 없어지면 그는 미남이라 할 수 없다.

인간뿐만이 아니다. 동물도 그렇다. 갈기가 없어진 사자나, 복슬복슬한 털을 빡빡 깎아 버린 푸들강아지를 상상해 보면 된다. 정떨어질 정도로 궁상스러운 모습이 된다.

나도 중년세대이지만 오랫만에 고교시절 친구를 만나 보니 놀랄 정도로 늙어 보이는 친구가 있었다. 그 원인의 대부분은 그들의 머리숱이 매우 적어진 것에 있었다. 머리가 사람의 인상을 이렇게도 바꾸는 것일까, 하고 새삼스럽게 놀랄 정도다.

외견상의 컴플렉스 중에서 대머리가 가장 크다고 한다. 특히 비교적 젊은 시절부터 대머리가 된 사람의 고민은 매우 심각하다.

세상에서 '대머리'라는 말이 정말로 금구(禁句)로 되어 있다는 것만을 생각해 보아도 당사자의 고민을 쉽게 상상할 수 있는 것이다. 일설에 의하면 다리나 눈이 부자유스러운 사람들보다도 고민이 훨씬 많다고도 한다.

그러므로 농담이 아니라 만약에 대머리 특효약을 발명한다면 확실히 노벨상감이다. 그러나 유감스럽게 현재까지 바보를 고치는 약은 있어도, 대머리를 고치는 약은 개발되지 않았다.

대머리는 유전되는가?

자, 젊은 대머리의 원인에 대해서 생각해 보자. 그것은 다음 두 가지로 크게 나눌 수 있다.

  A : 유전적 원인

  B : 후천적 원인

A는 그 사람의 유전적인 호르몬의 균형에 의한 것이다. 쉽게 이야기하면, 타고날 때부터 여성 호르몬의 분비가 많은 남성은 대머리가 되기 힘들고, 반대로 여성 호르몬의 분비가 매우 적은

남성은 대머리가 되기 쉽다는 것이다.

　인간의 머리카락은 남성 호르몬, 여성 호르몬, 갑상선 호르몬의 세 가지 호르몬의 영향을 받는다. 예를 들어 전두부(前頭部)는 여성 호르몬의 지배하에 있지만, 측두부(側頭部)는 갑상선 호르몬, 후두부(後頭部)는 남성 호르몬의 지배하에 있다. 보통 "머리가 벗겨진다"는 것은 전두부가 주요 부분으로 측두부는 서브(Sub), 후두부까지는 탈모가 되지 않으므로 "요즈음 제법 머리숱이 적어졌어" 하고 한숨 쉬는 사람은 대부분이 여성 호르몬의 분비가 부족한 사람인 것이다.

　이러한 호르몬 분비는 대개의 경우 유전적인 자질에 의한다고 한다. 예를 들어, 아버지가 반들반들한 대머리라면 아무튼 자기도 그렇게 될 가능성이 많다는 것으로, 이것은 이제 아버지의 고마운 유산이라고 단념할 수밖에 없다. 반대로 아버지가 60세가 지나도 탈모량(脫毛量)이 적으면, 자기도 머리가 벗겨질 위험성은 적다고 생각해도 된다.

　흔히 "대머리는 정력가"라고 하지만, 앞에서처럼 호르몬의 균형을 생각하면 "과연" 하고 이해가 갈 것이다. 탈모되기 쉬운 사람은 남성 호르몬에 비해 여성 호르몬의 분비가 매우 약하다. 그러므로 젊은데도 머리 앞부분이 점점 엷어지면 "젊은 대머리"라고 자타가 공인하게 된다. 이러한 젊은 대머리는 대개 머리숱이 적어지는 반면에 체모(體毛)는 많아져, 흉모(胸毛)가 있거나, 종아리에 털이 덥수룩하게 나서 매우 남성 같은 느낌이 드는 경우가 많지만, 이것도 수긍이 간다. 왜냐 하면 체모는 완전히 남성 호르몬의 지배하에 있기 때문이다.

원형 탈모증이 생기는 이유

다음으로 B 의 후천적 원인에 대해서 생각해 보자.

여기에는 여러 가지 원인이 있지만 대표적인 것은 다음의 4 가지이다.

① 스트레스

② 내장장해(內臟障害)

③ 빈혈이나 몸의 차가움

④ 머리 손질의 부족

① 의 스트레스설이 꽤 일반적인 것이다. 인간은 극도의 긴장에 휩쓸리면 탈모를 일으키기 쉽다. 이것은 흔히 말하는 '원형성 탈모'를 생각하면 이해할 수 있을 것이다. 두정부(頭頂部)나 후두부 부분에 10 원짜리 동전만 하게 탈모현상이 일어나는 것을 '원형 탈모증'이라 부르고 있는데, 이 특이현상이 일어나는 사람의 대부분이 어떤 정신적인 압박, 견디기 어려운 불안함, 긴장 등을 경험한 것을 호소하기 때문이다.

일설에 의하면, 스트레스로 인해 탈모가 생기는 것은 동물도 마찬가지라 한다. 원숭이나 사자도 주변에 강적이 나타나 먹이를 빼앗기면 긴장한 탓인지 두부나 갈기털이 점점 빠진다고 한다.

그러므로 대머리가 되기 싫거든 가능한 한 마음을 여유 있게 가지고 안절부절 못하거나 끙끙거리는 일상적인 고통에서 자기를 풀어 놓는 것을 항상 명심해야 한다. "이 정도의 일에 실패한다면 죽는 수밖에 없다"고 여유 있게 마음을 갖는다.

다음은 ② 의 '내장장해'이다.

"탈모는 유전적인 요소보다도 내장상태에 좌우되는 경우가 많다"고 설명하는 생리학자가 적지 않다는 사실을 알아 두면 된다. "머리는 내장의 거울"이라는 말이 있을 정도이다.

일반적으로 오장육부 중에서 특히 머리카락에 관계하는 것은 신장(腎臟)과 폐장(肺臟)이라고 한다.

보통 건강체라면 폐에 보내진 산소는 혈액에 운반되어 전신으로 퍼지고 모근(毛根) 한 개 한 개에까지도 미치지만, 폐기능이 약해지면 이 산소의 공급상태가 나빠쳐 탈모를 일으키는 원인이 되는 것이다.

신장을 나쁘게 하면 대머리가 되기 쉬운 것도 같은 원인으로, 혈액정화가 나빠지므로 건강한 피와 산소가 모근에 전달되지 않기 때문이다.

그러므로 대머리가 되기 싫거든 폐와 신장이 상하지 않도록 항상 주의해야 한다. 가능한 한 깨끗한 공기를 마시고 흡연을 삼가한다. 식생활을 고쳐 균형 있게 영양을 섭취하고, 음주는 적당하게 한다.

이것만 실행하면 어느 정도의 탈모는 방지할 수 있을 것이다.

혈액순환을 좋게 하면 탈모는 방지할 수 있다

다음은 ③의 '빈혈·몸의 차가움'과 ④의 '머리 손질의 부족'에 대한 설명이다. 우선 빈혈이 혈액과 모발에 매우 밀접한 관계를 갖고 있다는 것은 한방에서 머리카락을 '혈여(血餘)'라고 부르는 것에서도 알 수 있다. 다시 말해서 '피의 나머지'가 모발이라는 의미이다.

머리카락을 만드는 것이 혈액이라면 빈혈이나 혈액순환 불량은 탈모대책을 생각하는 데 빠뜨릴 수 없는 마이너스 요소이다.

모발이란 적혈구가 털의 모세포로 변화한 뒤, 늘어나서 각질화하여 피부 바깥으로 나온 것이라 한다. 모근부(毛根部)의 맨 끝을 모구(毛球)라고 하고, 모구의 조금 움푹 들어간 곳을 모유두(毛乳頭)라 한다. '대머리'란, 즉 이 모유두가 어떤 원인으로 병변(病變)한 상태를 가리킨다.

그러므로 이 병변부를 소생시키려면 바른 식생활을 하여 혈액을 정상적으로 하고, 적혈구를 증가시킬 것을 생각해야 한다.

피는 식사에서 만들어지므로, 식사에 의해 그 사람의 체질은 만들어진다고 한다. 탈모를 방지하는 데는 우선 균형 있게 영양분을 섭취하고, 체질개선을 해가려는 마음가짐이 중요한 것 같다.

그리고 ④의 '머리 손질의 부족'을 개선하는 것은, 머리 손질로서 외부로부터의 혈액순환 회복을 도와주는 의미를 갖는 것이다.

탈모를 방지하는 머리 손질의 포인트는 '피부가 세제에 약함'으로 두피(頭皮)가 상하기 쉬운 석유계의 샴푸 사용을 중단하고 탈지력(脫脂力)이 약한 식물계 샴푸를 사용할 것, 정성스럽게 머리를 감을 것, 정성들여 헹굴 것 등을 들 수 있다. 자극성이 강해 좋지 않은 샴푸는 외부에서 모발을 상하게 하며, 머리 감는 일을 게을리하면 땀이나 지방질이 모근에 들어가 모유두에 피해를 준다. 잘 헹구지 않으면 샴푸가 역시 모혈(毛穴) 속까지 들어가 이 경우도 모유두를 상하게 하기 때문이다.

머리카락을 심어서 대머리의 고민을 해소

그럼, 위에서 예로 든 예방법도 소용없이 완전히 대머리가 되어 버렸다면 어떻게 할까. 예방이나 치료법이 없다면, 머리가 벗겨진 후의 대책을 생각하는 편이 현명하다.

근래에 들어와 급성장한 가발 메이커를 볼 것까지도 없이, 교묘하게 가발로 커버하는 방법이 유행하여 애호자가 많은 것 같다. 확실하게 대머리를 감추려는 데는 효과적이지만 가발은 어디까지나 모자를 쓴 것 같은 것으로, 결코 자기의 머리숱이 늘어나는 것은 아니다. 늘어나기는커녕 물크러져 혈액순환이 나빠지므로 더욱 대머리를 촉진하기도 한다. 한때 화제가 된 인공모발을 심는 방법은 어떨까요? 이것은 잘되면 구세주가 될 수 있는 방법이지만 신문 등에서도 보도되고 있는 대로 매우 문제가 많다.

우선 비용과 시간이 많이 든다. 더군다나 모처럼 심은 머리카락이 곧 빠져 버리는 경우도 있다. 그냥 빠지기만 하면 다행이지만, 심은 부분에 화농이 생겨서 참담한 결과가 되는 경우도 적지 않다. 그래서 '피해자의 모임'도 결성되어 있다고 한다.

이렇게 되면 마지막 방법은 성형외과적인 방법으로 자기의 털을 이식하는 수단이다. 머리카락이 많은 부분에서 머리가 없는 부분으로 옮겨 심는 방법이다.

"음모(陰毛)는 많이 나 있으므로 이것을 이식할 수 없을까요" 하는 질문을 곧잘 받는다. 아깝다는 마음은 알겠지만, 유감스럽게 음모나 액모(腋毛)는 꼬불꼬불하고 털의 성질이 다르므로 이식하는 데 적당하지 않다.

현재 행해지고 있는 것도 모발이 나 있는 부분에서 직경 3~4

mm 의 피부를 털이 붙은 채 도려내서 머리가 없는 부분에 옮겨
심는 것이 가장 일반적인 방법이다. 이것으로 전두부나 후두부
등의 부분적인 대머리는 제법 고칠 수 있다. 단지 치료에 장시간
을 요하기 때문에 재빨리 뭔가 하고 싶은 사람에게는 부적당하다
고 할 수 있다.

초승달 모양의 대머리는 피부를 끌어당겨서 꿰매면, 거의 눈에
띄지 않는 것도 알아 두면 좋을 것이다. 대머리의 고민은 자살하
는 사람이 있을 정도로 심각하지만 혼자서 끙끙거릴 필요는 없
다.

얼굴이 팽팽하지 않으면 마음도 느슨하다

다행인지 불행인지, 인간의 용모는 나이와 함께 변화해 간다.

유년에서 소년·소녀·청년에 이르기까지의 단계에 변화를 보통 '성장(成長)'이라고 하는데 반해 중년에서 고년·노년이라는 단계의 변화에는 '노화(老化)'라는 표현이 쓰인다.

이 피할래야 피할 수 없는 노화와 얼마나 같이하는가가 문제이다.

높은 인격, 식견으로 이름난 고결한 파우스트도 악마에게 혼을 팔아서라도 젊어지고 싶다고 소원했던 것이다. 그 정도로 젊어지고 싶은 것은 인류의 영원한 소망이다.

일반적으로 인간의 용모는 25세를 경계로 하여 노화가 시작된다고 하지만 실제로 눈에 띄는 것은 30세를 지나고 나서부터이다. 무엇이 노화를 눈에 띄게 하냐면 바로 주름이다. 빠른 사람은 30대가 시작되자마자 현저히 잔주름이 늘어난다. 흔히 눈 가장자리의 잔주름이나 이마의 주름, 웃을 때 생기는 주름을 보았을 때 앗! 하고 놀랄 정도로 늘어서, 노화의 시작에 소름이 끼치게 된다.

주름은 사람의 용모를 더욱 나이들게 만드는 가장 큰 원인인 것이다.

후꾸다 전수상이 메이지 38세를 구가(謳歌)해도 역시 메이지 38년생으로밖에 보이지 않는 것은 얼굴에 깊이 새겨진 주름과 거무칙칙한 노인성 기미 탓이다. 여성은 이것을 본능적으로 알고 있어 주름의 출현에는 민감하다. 깜짝 놀랄 정도로 늘어나기 전에 매일 아침 저녁으로 한 시간씩 거울 앞에 앉아 열심히 노화방지

작업에 정성을 다한다. 주름을 없애려고 얼굴에 셀로테이프를 붙이고 잠잘 정도로 모든 테크닉을 구사하는 모습은 눈물겹기도 하다. 남편이나 동료의 이성, 동성에게서 "당신 오늘 참 예쁘군" 이라든가 "당신 피부는 주름 하나 없어 부럽군" 하고 칭찬을 듣는 날은 그야말로 날아갈 듯 기쁘다. 비록 그것이 아첨하는 말이라 할지라도. 그 정도로 여성은 주름이 늙음의 상징이라고 피부로 느끼고 있다.

남성도 더욱 자신의 주름에 민감해도 좋다고 생각하여, 주름을 없애고 젊어지려고 노력하는 편이 좋다. 뭐라고 해도 젊게 보이는 것은 상대방에게 인상을 좋게 하며, 정말로 씩씩하고 활동력이 풍부하게 보여 신뢰감을 준다. 나이보다도 늙어 보여서 고민하는 사람에게는 먼저 주름 제거를 생각해 보라고 권하고 싶다.

금세 10 살이나 젊어지는 주름 제거법

주름이나 피부이완이 생기는 것은 피부의 팽팽함이 감소하는 것이 원인이다. 30 대 후반이 되면 주름도 깊어지고, 또 피부이완도 생긴다. 앞이마의 가로주름이나 미간의 세로주름이 깊어져 위 눈꺼풀의 피부가 눈꼬리보다도 더 처지기도 한다. 이렇게 되면 완전히 중년 얼굴이 된다. 이것은 단순히 노화 때문만이 아니다. 피로와 스트레스도 주름을 촉진하는 주원인이라는 것이다.

주름을 없애는 방법으로 팩 따위의 미용법도 있지만 근본적으로는 성형수술로 제거할 수밖에 없다.

주름 제거수술이라 하면 《이별》이라는 영화의 주인공 엘리자베스 테일러의 주름 제거를 생각하는 사람도 많을 것이다. 화장 탓인지 정말인지는 모르지만 요술장이 할머니처럼 주름투성이였던 테일러가 일변해서 젊고 바람끼 있는 아가씨로 변신한 것이 매우 화젯거리가 되었다. 정말로, 그 대단한 변화는 앗! 하고 바싹 긴장할 정도였다.

또 이 주름 제거수술을 세계적으로 유명하게 한 사람은 포드 전대통령 부인이었다. 그녀의 주름 제거수술이 특종기사가 되자마자 센세이션을 일으켜 세계의 톱 레이디가 자주 성형외과 의사를 방문했다고 한다. 또 레이건 대통령이 선거하기 전에 주름 제거수술을 한 것은 유명한 이야기이다.

미국에서는 이제 여성의 주름 제거수술은 흔한 일이다. 용돈을 모아서 5년에 한 번 정도의 비율로 성형외과 의사를 찾는 것이 보통으로 되어 있다.

그리고 최근에는 사회적인 지위가 높은 남성들도 주름 제거수술을 적극적으로 하고 있다. 일이나 개인적인 면에서 많은 플러스가 되는 것을 알기 시작했기 때문일 것이다.

현시점에서의 주름 제거수술 중 비교적 쉽게 할 수 있는 것은 눈가의 주름이나 피부이완, 이마의 가로주름, 볼의 주름이나 피부이완, 목의 주름과 피부이완 등이다. 미간의 세로주름이나 눈가의 잔주름의 효과적인 제거법도 개발되고 있다.

주름의 범위라든가 부위(部位)에 따라서 다소 차이는 있지만 대개는 외래수술로 간단하게 할 수 있고, 비용도 대체로 150만원 전후라고 한다. 수술 후 4~5일 만에 실을 빼고 1~2주일 정도면 일상생활로 돌아올 수 있다.

일본 남성도 배우나 가수 호스트, 여장한 남성 등 밤에 일하는

사람은 대부분이 이 젊어지는 수술을 받는다는 것이다. 이름은
밝힐 수 없지만 정치가나 대기업의 경영자도 나의 진료소에서
이 수술을 받은 사람도 있다. 앞으로는 더욱 늘어날 것이다.

　젊게 보이는 것은 자기 자신에게 강한 자신(自信)을 낳는다.
주름이 없어지면 용모뿐만이 아니라 마음도 팽팽해질 수 있다.
젊음은 남성에게나 여성에게나 모두 인생 최대의 무기라고 할
수 있다.

4

자기 물건에 자신을 가져라

크고 작음으로 비교하지 말라

일본인에 대한 외국인의 한 가지 오해는 "일본인은 모두 거근 (巨根), 거만(巨万)의 소유자"라는 것이다.

이 설이 얼마나 사실과 반대인가는 독자 여러분이 가장 잘 알고 있을 것이다. 애초부터 오해의 발생원은 구미에 대량으로 유출한 풍속화의 춘화도(春畵圖)에 있는 것이다.

나도 옛날에 이런 춘화도를 보고 '아니 거대한 성기!' 하고 경탄 하여, 반대로 내 몸의 궁상스러운 모습을 비탄한 기억이 있다. 그러나 풍속화에 그려진 그것은 극단적으로 데포르메된 것으로 표준 사이즈의 2배 정도로 그려져 있었다. 그러므로 슬퍼하지 않는다.

거근에 대한 남성의 동경은 매우 강하다. '물건'의 크기는 남성의 힘의 성장이라고 굳게 믿고 있는 사람도 있고, 큰 물건일수록 여성을 기쁘게 해줄 수 있다고 생각하는 사람도 있다. 풍속화에 그려진 거근은 그러한 남성들의 소망을 대변한 것이며, 또 화가도 확대하여 그려야만 세부 디테일을 남김없이 표현할 수 있었을 것이다.

실제로는 일본민족이 갖는 페니스는 국제적 랭킹으로는 비교적 작은 편이다. 인종적으로 비교해 보면 흑인→ 백인→ 황색인종의 순서라고 책에 쓰여 있다.

포르노 잡지나 영화 등에서 보면 확실히 흑인이나 백인의 그것은 두드러지며, 특히 길이에 대해서 더 말할 나위 없다.

그러나 막상 정식 액션으로 옮겨가면 흑인이나 백인의 것은 의외로 박력이 없어 강도가 부족하다고 생각한다. 이른바 발기불능이 많은 것이다. 소나무처럼 거칠고 울퉁불퉁하여 혈관이 도드라지는 느낌이 아니라 밋밋한 소시지다. 일본인 것은 작아도 꽤 쓸 만하다.

그런데 요사이 유럽 여행을 할 때, 여기저기 미술관을 방문하였다. 거기서 발견한 것이지만, 회화나 조각에 표현된 백인남성의 성기는 마치 어린아이의 그것처럼 작은 것이다. 몸은 레슬링선수처럼 우람하고, 근육이 울퉁불퉁한데 거기는 정말로 귀엽다.

로마에서는 유명한 바티칸 미술관이 있는데 그 중에서도 시스티나 예배당의 천정에 그려진 미켈란젤로의 그림은 세계적으로 유명하다. 늠름한 청년의 멋진 군상(群像)이 몇 개나 되어서 이목을 끌지만, 여기서도 그려져 있는 남성의 페니스는 몸에 비해 매우 작아 귀엽다.

게다가 모두 포경(包莖)인 것이다. 이러한 회화나 조각은 정신의 아름다움과 거기에 뒷받침되는 육체의 아름다움을 강조하는 것을 주제로 하기 위해서, 성적인 것은 극도로 소극적으로 표현했

을지도 모르지만, 일본이라면 부끄러워서 목욕탕에도 갈 수 없는
이상한 물건만 늘어서 있는 것이다.

　여기서 훤히 꿰뚫어 본다는 듯이 의기양양하게 말하는 것은
아니지만, 실제 서양인에게는 포경이 많다. 자연 그대로 해 두었다
고 해서 성장함에 따라 귀두(龜頭)가 저절로 노출하는 사람은
오히려 소수파라고 말할 수 있다. 대개는 할례(포피 절제수술)
를 받고 있다. 다시 말해서 서양인에게는 포경이 보다 당연한
것이다. 그러므로 남성 누드 잡지에서도 포경인 남성이 태연하게
등장하는 것이다.

남에게 자랑할 수 있는 '물건'을 가져라

그렇다면 일본인도 포경을 걱정할 것은 없지 않는가 하고 생각하는 사람도 있을 것이다. 사실 그대로 걱정하지 않는다면 성생활이나 생식기능에서 이렇다 하게 입에 올릴 만한 지장은 없다. 그러나 의학적 견지에서 어느 쪽이 바람직하냐면 역시 귀두가 노출되어 있는 편이 낫다.

그 이유로 3가지를 들 수 있다.

첫째는, 귀두가 노출되어 있는 편이 청결하다. 끊임없이 귀두부가 외기나 옷에 닿아 있기 때문에 치후(恥垢)도 쌓이기 힘든 것이다.

다음으로, 같은 이유에서 세균성의 병에 걸리기 힘든 것을 들 수 있다. 언제나 요도염(尿道炎) 등에 걸려 있는 남성에게 포경이 많은 것은 이 이유 때문이다.

또 치후가 쌓여서 불결한 상태가 되면 암을 유발하기 쉽다. 자료에 의하면, 음경(陰莖) 환자의 98퍼센트까지 포경이라는 숫자도 있다. 미국사람들에게는 음경암이 매우 많지만 할례습관이 있은 유대계에는 거의 없다는 보고도 있다. 포경을 고치면 음경암은 대부분 방지할 수 있다는 것이다.

셋째 이유는, 성적인 면에서의 매력증대이다. 귀두부가 바지로 인해 끊임없이 자극받기 때문에 소위 음경 맨 끝부분의 성장이 촉진되어 잘생긴 페니스가 된다. 특히 귀두부의 과민한 신경이 일상의 접촉으로 둔해져 조루 치료도 된다.

이런 장점이 있으므로 아무리 미술관의 명화 속의 남성이 포경이라 해도 귀두부는 언제나 노출해 있는 편이 바람직하다. 포경에도 여러 가지 정도 차이가 있어 손으로 젖히면 포피(包皮)가 쉽게 젖혀지는 사람(반성포경 ; 仮性包茎)과 그것이 전혀 불가능한 사람(진성포경 ; 眞性包茎)이 있다. 진성포경 중에는 소변이 나오는 작은 구멍이 조금 비어 있는 중증(重症)의 사람도 적지 않다. 이러한 사람에게는 하루바삐 수술할 것을 권한다.

수술은 매우 간단하여 국소마취로 10분 정도 걸린다. 현재는 실을 뽑기 위해 통원(通院)도 필요하지 않아 그대로 3주만 지나면 보통의 성생활도 가능하다.

일본에서는 단지 귀두부의 포피를 둥글게 절제하는 방법이 취해지고 있지만, 구미에서는 밑 가까운 피부를 절제하여 꿰매는 방법도 행해진다. 내 생각으로는 일본식의 수술이 더 낫다고 생각한다.

포피를 절제한 직후는, 뜨거운 탕 안에 들어가면 쓰리거나 가벼운 통증을 느끼는 경우도 있지만 곧 낫는다. 조루가 고쳐지거나 귀두부가 발달하면 여성을 틀림없이 기쁘게 해준다. 어차피 수술하려면 가능한 한 빨리 하는 편이 낫다.

미켈란젤로의 명화도 좋지만, 정말로 늠름한 남성으로 변신하려면 하루바삐 포경과 이별하는 것이다.

여성을 매우 기쁘게 해주는 명검(名劍) 6가지 요소

나는 진료소를 경영하면서, 여성잡지로부터 "남성의 명검이란 어떤 것인가. 구체적인 채점기준을 정해 달라"는 의뢰를 자주 받는다. 그때마다 나로서는 생각에 잠기지 않을 수 없다.

우리들의 일상대화에서도 정말로 자주 "저 여성은 대단한 명기 (名器)의 소유자인 것 같군"이라든가, "내 무기가 더 명검이었다면……" 하고 말한다. 요컨대 명검이라든가 명기(名器)라는 말은 지금은 완전히 시민권을 얻은 일상용어가 되었다.

그런데, "그럼 명검이란, 구체적으로 어떤 물건을 가리키는가" 하는 문제는 정확하게 대답하기 어렵다.

그래서 이 때 신중하게 생각해 보기로 하자.

누구라도 쉽게 생각할 수 있는 것은 물건의 크기이다. 여태까지 이야기한 대로 크기만 하다고 좋은 물건은 아니다. 그러나 다른 조건이 모두 같다면 역시 어느 정도는 큰 것이 좋다—이것도 또한 틀렸다고 할 수 없는 것이다.

두껍고 길면 좋다. 그러나 길고 두꺼운 것은 명검의 필요조건이지만, 충분조건이라고는 할 수 없다. 물건이 아무리 커도 발기가 충분하지 않거나, 조루라고 한다면 도저히 명검이라고 할 수 없다. 게다가 형태도 문제이다. 길어도 끝이 가는 형의 물건보다는 짧아도 팽팽하고 귀두가 큰 편이 바람직하다.

그럼, 길이·두께가 적당하고, 발기력·지속력도 더 말할 나위 없고, 게다가 귀두가 크다면 곧 명검이라고 하지만, 아직 한 가지 뭔가 중요한 것이 빠진 듯한 느낌이다. 여기서 문득 생각난 것은 "움직일 수 있는지 없는지"이다.

물건을 자유롭게 움직일 수 있는 사람은, 여성의 몸속에 넣어올 때 열심히 피스톤 운동을 하지 않아도 페니스의 움직임만으로 여성을 정말로 기쁘게 해줄 수 있다.

페니스를 둘러싸고 있는 근육에는, 수의근(隨意筋 ; 자기가 자유롭게 움직일 수 있는 근육)과 불수의근(不隨意筋 : 자기의 의지대로 움직일 수 없는 근육)이 있지만, 단련만 하면 발기한 페니스를 자기가 자유자재로 움직일 수 있게 된다. 현재 나는 페니스를 둥글게 원운동을 할 수 있는 사람을 알고 있다.

이 조건이 더해지면 절품의 명검이라고 칭해도 지장이 없다.

"내 것은 아무래도 그렇게 움직일 수 없어. 고작 끝부분이 상하로 4~5 센치 정도 움직일 뿐이야" 하고 실망하는 남성이 압도적으로 많다. 그렇지만 실망하지 말라. 몇 센티 정도의 상하운동으로도 여성에 따라서는 매우 강한 자극이 되는 경우도 있다. 특히 경직된 페니스가 상하로 움직일 때 물건의 뒤쪽에 있는 혈관이 두껍게 부풀어 오르기 때문에 그것이 질 입구의 민감한 부분을 기분 좋게 자극한다고 한다.

감수성이 강한 여성이라면 이 페니스의 움직임만으로 클라이막스에 달하는 것도 불가능하지 않다고 한다. 정말로 멋있는 이야기가 아닌가. 상대방의 강도에도 좌우되지만 노력하면 명검에 가까워지는 것도 가능한 것이다.

무뎌도 테크닉 나름

계속하여 명검의 구체적인 채점기준으로 다음과 같은 표를 만들어 보았다. 이후 이것을 가지고 여성잡지에서의 어려운 문제에 대답한 것이다. 당신도 만약 시간이 있다면 다음의 표를 보면서 주니어 명검도(名劍度)를 채점해 보길 바란다.

남성, 자기 '물건'의 명물도 테스트

	4 점	6 점	8 점	10 점
길이	8 cm 미만	8 cm 이상 14 cm 미만	14 cm 이상 11 cm 미만	발기시에 11 cm 이상
굵기	3 cm 미만	3 cm 이상 3.5 cm 미만	3.5 cm 이상 4 cm 미만	발기시에 직경 4 cm 이상
모양	귀두의 턱이 거의 나 있지 않다	턱이 겨우 나 있다	턱이 져 있지 만 약간 빈약	귀두부가 힘 차게 튀어나 와 있다
발기력	말랑거리고 각도는 하향	약간 말랑거 리고 각도는 수평	경도는 있는 데 각도는 30 도 정도	극히 단단하 고 힘차게 위 를 향해 있다
지속력	보통의 움직 임으로 5 분 정도	보통의 움직 임으로 10 분 정도 OK	피스톤운동 을 포함해서 20 분쯤 OK	그럴 마음만 있으면 1 시 간이라도 OK
움직이는가	상하로 10 도 이내 정도라 면 움직거릴 수 있다	상하로 10 도 이상 움직거 릴 수 있다	상하로 20 도 이상 움직거 릴 수 있다	상하 좌우 자 유자재로 움직 거릴 수 있다

채점의 결과는 어떨까요? 6 항목 모두 만점이라면 60 점이지만, 만점을 얻은 사람은 거의 없다.

내가 들어본 바로는 만점을 백 명에 한 명 정도로, 그야말로 절품의 명검이라 할 수 있다. 50 점 이상이라면, 우선은 명검의 부류로 대개 10 명에 한두 명이다. 42 점∼48 점이 가장 많아 대개의 남성은 이 범위에 속한다. 가검(佳劍) 내지 양검(良劍)으로, 물론 이것으로도 충분히 여성을 만족시킬 수 있는 성능을 갖추고 있다. 40 점 이하의 경우 유감스럽지만 둔검(鈍劍)이 된다. 둔해도 사용하는 사람의 테크닉 나름으로 충분히 명검과 어깨를 나란히 할 수 있다. 물건이 훌륭하지 않아도 그 정도로 결코 비관할 필요는 없다.

이 채점표에 나타난 기준은 어디까지나 여성잡지용의 '유희'이고, 이런 점수가 새삼스럽게 이야기할 필요가 없이 남성의 가치를 결정하는 것은 아니다.

이렇게 하면 절품의 명검이 된다!

그래도 남성이란, 어디까지나 자기의 물건의 좋고 나쁨이 걱정되어 "생각은 원기왕성하지만, 물건이 정말로 빈약하여 여성을 기쁘게 해줄 수 없다"고 고민을 호소하는 남성이 의외로 많다. 잘 들어보면 잡지 따위에 게재되어 있는 남성 자신의 평균 사이즈와 자기의 그것을 비교하여 "내 것은 아무리 보아도 그것보다 작다……" 하고 고민하는 경우가 대부분이다.

전항(前項)에서 서술한 대로 그런 짓을 걱정하는 것이 우습다.

일반적으로 이야기하면 발기시에 10 센티 전후의 길이로 주위가 7 센티 정도의 두께면 완전한 결합이 가능하여 충분히 여성을 만족시킬 수가 있다.

덧붙여 여성의 몸이란 정말로 적응력이 풍부하여 남성의 사이즈가 크거나 작거나 반드시 거기에 익숙해진다. 게다가 깊이가 얕아서 질구(膣口)가 좁은 여성이라면 작은 페니스가 더 바람직하다고 생각한다. 평균보다 길고 짧은, 두껍고 가는 것에 일희일우(一喜一憂)라니 더없이 어리석다.

"이런 것은 이론적으로 잘 알고 있습니다. 그렇지만 역시 이 둔한 것을 명검으로 바꿔 주십시오" 하고 호소해 오는 사람이 있다.

무슨 일이 있어도 물건을 멋지게 하여 여성을 기절시켜 보고 싶다고 소원하는 사람에게는 이렇게 대답하고 있습니다. "길이를 늘리는 것은, 유감스럽지만 지금의 의술로는 할 수 없습니다. 단 두께를 늘리는 것은 가능하고, 여성의 몸을 특별히 자극하는 포인트를 인공적으로 만들어 낼 수도 있습니다. 원한다면 해드리겠습니다" 하고.

나의 진료소에서 실시하고 있는 남성 자신의 개조법은 페니스의 주위에 흔히 말하는 '진주'를 넣는 방법이다. 진짜 진주를 사용하는 경우도 있지만, 몸에 영향을 보다 적게 주는 실리콘의 작은 구슬을 사용하는 경우가 많다.

직경 8 mm 정도의 실리콘 구슬을 페니스의 주위에 4~6 개 넣는다. 위치는 귀두 바로 밑이 좋다.

이렇게 하면 성교(性交)할 때 귀두 하부의 두께가 비약적으로 증대하고 또 울퉁불퉁하게 솟아오르기 때문에 여성에게 강력한 자극을 준다.

또 다른 방법으로 페니스 밑 가까이에 링 모양으로 넣는 경우, 게다가 치골(恥骨) 부분의 피하에도 몇 개 넣는 경우도 있다. 삽입 시의 마찰운동으로 질의 깊은 부분 얕은 부분, 클리토리스가 동시에 강하게 자극되어 매우 둔한 여성이라도 몸부림치게 된다.

내가 행한 예를 말하면, 모두 40여 개의 진주를 넣은 남성도 있다.

"아니……효과는 상상 이상이야. 대개의 여성은 틀림없이 녁아 웃. 단지 곤란한 것이 두 가지 있어. 하나는 나와 관계한 여성은 절대로 헤어지려고 하지 않는 것이야. 또 하나는 증기목욕탕에 가도 프로 여성이 상대가 되는 것을 싫어해. 손님을 상대로 하는 몸인데 자기쪽이 흥분해 버리면 몸이 아깝기 때문이지" 하고 자랑하듯이 웃는 것이다.

섹스는 애정이라든가 성실함이라든가 익숙한 상태나 체위의 연구 등으로, 누구라도 100퍼센트 만족시킬 수 있는 것은 분명한 진리로 가장 중요한 것이다. 그렇지만 인공의 명검에 따라서 "그 맛을 잊을 수 없어"라고 여성에게 생각케 하는 것이 가능한 것도 알아 두면 손해는 없을 것이다.

5

파워 업, 이 방법으로 달성하라

언제까지나 '강하고 늠름하게'

남성 포르노 잡지를 보면 잘 알 수 있지만 남성이 '강하고 늠름하게' 되기 위한 기사나 광고가 범람하고 있다. 포르노 잡지에 한정되는 것이 아니라, 바나 살롱에서의 여자끼리의 화제에도 이야기가 거기에 미치면 모두 눈을 빛내고 한층 흥분하게 된다.

"옛, 당신 일정하게 일주일에 3번? 그렇다면 쎄군. 나는 일주일에 한 번이 겨우인데, 그것도 음경을 질타 격려해서야 이럭저럭 ……."

"옛부터 말해지는 금냉법(金冷法), 그것은 역시 효과 있어."

"아니야, 구룡충을 이기는 사람은 없다고 생각해. 어쨌든 중국인은 그 방면에서 대단한 연구가이니까."

"흑인은 우리들 나이에도 매일 밤 하잖아. 도대체 어떻게 해서 그런 차이가 있지."

"우리 상무는 60이 지났는데 매일 OK야, 믿을 수 없는 이야기지."

하고 이야기는 끝없이 이어진다. 얼마나 남성이 언제까지나 강하고 늠름하게 존재하고 싶다고 소원하고 있는가를 알 수 있다.

친구 저널리스트 K 씨가 이런 이야기를 하였다.

"흔히 이, 눈, 음경이라는 이야기 있지요. 남성의 노화현상이 이, 눈, 음경의 순서로 나타나는 것을 말하는 것이지요. 그렇지만 이가 빠져도 틀니가 있고, 눈이 나빠져도 안경이나 콘택트렌즈가 있지요. 그런 점에서 음경은 노화하면 대용품이 없어요. 이것은 심각한 것이에요." 음경이 못쓰게 된 순간, 갑자기 초라하게 늙어 버리는 사람도 많은 것 같다. 이제 자신은 남성으로서 쓸모없게 되어 버렸다고 깨달을 때만큼 인간이 쓸쓸한 것은 없으리라."

정도의 차이는 있지만 연령과 함께 성적 능력의 쇠퇴는 누구에게도 공통적으로 나타난다. 그야말로 '불로장생'은 동서고금의 남성들의 소원인 것이다.

일반론적으로 이야기하면 40 대 50 대의 남성의 한창 때의 시기는 '그 마음이 생기면 매일이라도 가능'이랄 정도의 힘을 가지고 싶은 것이다. 60 대에도 일주일에 한번, 70 · 80 대가 되어도 10 일에 한번 정도라면 할 수 있는 상태이고 싶은 것이다.

성적 능력을 결코 호색적 소원으로만 보아서는 안된다. 이 책에서 반복하여 썼듯이 일반적으로 섹스가 강한 남성은 일에서도 정력적이고 머리 회전도 빠르다. 그것이 남성으로서의 매력이 되는 것도 잊어서는 안된다.

거기서 중년임을 신변에서 느끼게 되는 단계에는 어떻게 하면 성적 능력의 '파워 업'을 도모할 수 있는가가 문제가 된다.

섹스 파워를 향상시키는데는?

섹스 파워를 좌우하는 성적 가능성의 결정적 요소는 의사의 입장으로 보면, 크게 4가지로 나눌 수 있다.

첫째 영양상태, 둘째 성적 자극물의 존재, 셋째 스트레스의 유무이며, 넷째 민족적 내지 선천적인 자질이다.

즉, 영양적으로 정력을 만드는 음식을 먹고, 주변에는 끊임없이 젊고 아름다운 호색한 애인(성적 자극물)이 몇 십명이나 있고, 일에서의 스트레스 등은 그다지 없으며, 게다가 선천적으로 강한 체질이라면 누구도 절륜의 파워를 지닐 수 있다는 것이다.

그러나 그런 환경은 꿈이라고 할 수 있을 것이다. 역사적으로 보면 중국의 황제나 일본의 장군 중에 여기에 거의 가깝다고 생각되는 환경을 만들 수 있는 '영걸(英傑)'이 있다. 그래서 그들은 현실적으로 매일 성교가 가능했으며 '후궁어 3천명'이라는 초수퍼맨의 기질도 발휘할 수 있었다.

그렇지만 이런 예를 현대 일본의 샐러리맨에게 말한다면 완전히 넌센스가 되어 버린다. 보다 현실적으로 지금 주어진 환경에서 어떻게 하여 파워 업 하는가를 생각해 보자.

그런데 성적 능력을 결정하는 4가지 요소 중에서 4번째의 민족적 내지 실천적 자질이란, 아무리 내가 노력해도 어찌할 방법이 없는 부분이다. 선천적으로 튼튼한 사람이 있는가 하면 허약체질인 사람도 있다. 이것은 그 사람의 운·불운이라고밖에 말할 수 없다. 그러나 매우 병약한 사람을 제외하면, 선천적인 체질이란 너무 걱정할 필요는없다.

예를 들면 흑인의 섹스 강도는 전설적이 되어 있지만, 여기에는 선천적인 것보다도 그들의 음식이나, 스트레스가 없다는 쪽이 훨씬 많은 영향을 미치고 있다고 한다. 현재, 흑인이어도 고도문명 이 사회 속에서 매일 심한 정신적인 스트레스를 받는 일부 인텔리 는 백인이나 황인종에 비해 거의 차이가 없다고 보고되고 있다.

어느 쪽이든 선천적인 체질에 대해서는 너무 구애될 필요는 없다. "내가 약한 것은 선천적인 체질이야" 하고 체념하지 말고 파워 업에 자신을 가져 주길 바란다.

균형 있는 영양과 정력 음식의 섭취, 성적 자극에 의한 호르몬 의 분비촉진, 그리고 스트레스 해소, 이 세 가지를 명심하면 당신 의 파워는 확실히 증가할 것이다.

남성을 강하게 하는 식생활 혁명

음식에 따라서 부쩍부쩍 정력이 생긴다는 것에 관한 속설은 정말로 많다. 물개의 페니스, 녹용(鹿茸)이라는 어린 사슴의 뿔 등의 전설적인 것에서부터 마늘, 고려인삼, 뱀장어, 자라 등이 남성의 섹스를 강하게 한다고 믿는 음식이다. 여성과 관계를 갖기 전에 자라의 생피를 꿀꺽 마시고…… 이런 이야기는 자주 들었다

그러나 소위 대부분의 정력식(精力食)이라는 것이 '플러세보효과(자기 암시)'적인 것이다. "자라 피도 먹고, 마늘도 먹었다. 오늘 밤은 강하지"라는 자신이 정말로 그 자신을 강하게 하는 것이다. 그렇지만 정력식에 너무 의존한 나머지 그것이 없이는 자신이 생기지 않아, 여성과 관계를 가질 수 없다는 것은 한심하지 않는가.

한창 때의 중년남성이라면 쓸데없이 정력식품이나 강장제(強壯劑)에 의지하지 말고, 우선 첫째로 '균형 있는 좋은 영양'을 섭취하는 것에 최대한의 노력을 해야 한다.

아침식사는 하지 않고, 점심은 메밀국수, 저녁식사는 참새구이 집에서 한잔— 이런 식생활을 한다면 어떤 정력식을 해도 효과가 있을 리가 없다. 영양부족으로 인한 기초체력의 저하로 가끔씩 정력식을 하는 정도로는 체력이 뒤따르지 못할 것이다. 남성에게 '좋은 식사'란 간단하게 말하면 고지방, 고단백, 비타민, 미네랄을 균형 있고 풍부하게 섭취할 수 있는 메뉴이다. 전분류는 본래 과잉하는 경향이 있으므로 오히려 줄이는 편이 좋다. 고단백이란 질이 좋은 단백원으로, 최근 고기나 생선값이 오르는 것을 생각하

면 머리가 아프다. 레스토랑에서 최고 좋은 스테이크를 먹으면
5만원은 예상해야 되는 시세이다. 하지만 가정에서는 5천원~2
만원으로 맛있는 스테이크를 먹을 수 있다. 한국식의 불고기로
하면 훨씬 싸게 들 것이다.

지방분은 동물성 지방보다 식물성 지방을 섭취하는 것이 좋
다. 대표적인 것은 샐러드오일 등으로 식물성 지방은 동맥경화를
막는 역할을 하기 때문이다.

비타민류, 미네랄류는 신선한 야채나 해조류, 작은 생선류, 조개
류 등을 먹으면 문제는 없다.

뭐라 해도 체력과 정력의 문제이니까, 그를 위해 정비를 아끼지
않아야 한다. 극단적인 이야기로 부인에게는 나쁜 식사를 하게
해도 자기는 나쁜 식사를 해서는 안되는 것이다.

"이것은 맛있는 것 같다. 영양가가 있는 것 같다"고 느낀 것은
먹어 버리는 것이 좋다. 실제, "먹고 싶군" 하고 느끼는 식품은
그때 몸이 자연히 필요로 하고 있는 영양소를 함유하고 있는 것이
많은 것으로, 결과적으로 매우 합리적인 균형을 취하게 되는 경우
가 많다.

자주 먹는 식품 중에는 참마, 뱀장어, 푹 삶은 콩 등 끈적끈적한
것이 좋다고 한다. 이것은 반드시 미신이라 할 수 없다. 이렇게
끈쩍끈적한 식품에는 예외없이 무틴이라는 성분이 함유되어 있지
만, 무틴은 고환의 중량을 증가시키고, 그 기능을 활성화시키는
역할을 한다.

자, 오늘부터 당신의 식생활을 개선시켜 보면 어떨까! 우선
아침식사를 거르는 것은 말도 안되는 것이다. 분식이라면 생야채
나 유제품을 많이 먹고, 일본식이라면 삶은 콩이나 참마, 미역

된장국을 반드시 먹을 것을 권한다. 점심도 런치타입 서비스를 이용하면 5천원 전후의 스테이크나 돈까스나 튀김을 먹을 수 있다. 되풀이하지만, 자기 몸에 하는 투자는 절대로 아까워해서는 안된다. 뭐니뭐니 해도 몸이 자본이니까.

식생활 전반의 개선은 무엇보다도 당신의 기초체력을 강하게 해주고, 필연적으로 섹스의 파워도 강하게 해줄 것이다. 일과나 골프의 피곤함도 줄어서 남성으로서의 늠름함이 훨씬 증가할 것이다.

정력식품의 참·거짓

만다라게, 인도 대마, 스트리키리네, 칸탈리스, 요힘빈이라는 최음제(催淫劑)나 미약(媚藥)의 이름을 들어 보았을 것이다.

이러한 최음제에는 히오스티아민, 아트로핀 스코호라민 등의 성분이 함유되어 있어, 이들의 성분은 인간의 성욕중추나 발기중추를 직접적으로 자극하여 흥분시키는 작용을 한다. 그러므로 가령 휘청거리는 노인이라도 일시적으로 페니스를 팽팽하게 발기시킬 수 있는 것이다. 그러나 이런 최음작용은 어디까지나 일시적인 것으로, 억지로 중추신경을 자극하여 욕정을 높이거나 발기시키는 것에 지나지 않는다. 대부분의 성분은 매우 강한 독성을 지니고 있으므로 사실은 정력이 오히려 감퇴해 버린다. 마약이 일시적인 도취를 가져 오지만 계속 사용하면 오히려 몸을 파괴하는 것과 마찬가지이다. 잘 모르는 사람이 호기심으로 사용하는 것은 백해무익한 것이다. 옛부터 전해 온 '정력식' '강장제'에는

그러한 위험성은 그다지 없지만, 효과가 있느냐에는 '?' 에 가깝
다.

이른바 정력식은 크게 나누어 동물성과 식물성으로 나눌 수
있다. 전자의 대표적인 것이 물개의 페니스와 녹용, 자라의 생피,
뱀장어, 잉어 등이며, 후자가 고려인삼, 마늘, 참마, 부추 등이다.

물개와 소의 페니스나 고환에 효과가 있다고 한다면 그것은
앞에서도 이야기했듯이 플러세보효과(자기 암시)에 지나지 않는
다고 한다. 생식력에 강한 동물의 성기를 먹었으니까 자기도 강해
진다는 암시가 자신을 주어, 피곤한 신경에 긴장을 풀어 주며
쉬게 한다. 그러한 의미로는 일종의 강정(强精)작용이 있다고
할 수 있다.

그것에 비해 녹용에는 어느 정도의 영양학적인 강정작용이
있다고 할 수 있다. 녹용이란 어린 사슴의 뿔이지만, 이러한 젤라
틴질에는 콘도로이틴이라는 성분이 함유되어 있는 것이 확인되었
기 때문이다. 이 성분에는 동맥경화를 방지하고, 세포를 젊게 유지
하며, 간장기능을 활발하게 하는 효과가 있다. 요컨대, 몸을 젊게
유지하는 작용이 있는 것이다. 중화요리로 잘 알려진 상어 지느러
미, 제비집 등에도 같은 효과가 있다고 보아도 좋을 것이다.

자라나 뱀의 생피에는 강정작용에 해당하는 효과가 유감스럽게
도 찾아볼 수 없다. 이러한 냉혈동물의 혈액에는 무엇보다도 칼슘
이온이나 철분이 많이 함유되어 있기 때문에, 빈혈증이나 피로회
복에는 좋을지도 모른다.

여기에 비해 고려인삼은 훨씬 기대할 수 있다. 그 약효의 메카
니즘에 대해서는 여전히 해명되어 있지 않지만, 쥐에 의한 동물실
험의 결과는 고환내의 핵산이나 단백질의 합성을 왕성하게 하여

정자의 형성을 재촉하는 것이 확인되었다. 의사의 지시에 따라서 적량을 사용하면 강정효과는 있을 것이다.

마늘에는 알리신이라는 성분이 있어, 피로회복이나 지구력의 증가를 도와 준다. 또 거기서 생성되는 아세틸루코린이 발기작용을 도와 준다고 한다. 우선은 싸고 손쉬운 정력식이라고 할 수 있다.

이상과 같은 정력식품은 단지 그것만을 아무렇게나 섭취하면 아무런 효과가 없다는 것을 다시 한번 강조해 두고 싶다. 균형 있는 식생활이 전제로 될 때 비로소 효과를 나타내는 것이다.

불량 중년은 예외 없이 '강하다'

남성의 '강하고' '약함'은 결국 '자주' 그리고 완전히 발기하는 데에 있다고 생각한다. 아무리 자기가 기교파라고 자랑해도, 한 달에 한 번 정도밖에 발기하지 않는다면 역시 '약한' 남성이 된다. 결국 문제는 발기력의 강약에 귀결한 것 같다.

여기서 발기라는 현상이 어떤 메카니즘이 되는가, 의학적으로 설명해 보자.

누구라도 젊은 여자의 탄력 있는 히프를 보거나, 게다가 망상을 왕성하게 했을 때 남성의 그것이 발기한 경험이 있을 것이다. 또 의지와는 관계없이 단순한 기계적인 자극이나 마찰 등으로도 엘렉트하는 경우가 있다. 이것들은 모두 대뇌의 흥분이나 국소에 물리적인 자극이 선수(仙髓) 중에 있는 발기중추를 흥분시켰기 때문이다.

자극을 받은 발기중추는 곧 골반신경에 명령을 전달해, 페니스의 해면체에 점점 혈액을 보내려고 한다. 이 해면체에는 평상시는 동맥의 바이패스가 있어서 함부로 충혈(充血)하지 않도록 되어 있다. 그런데 성적 자극을 받으면 이 바이패스가 폐쇄되기 때문에 혈액이 해면체 속으로 흘러 들어가, 여기에 충혈(充血)이 일어난다. 그 때문에 페니스가 딱딱해져 그 상태가 지속된다. 이것이 발기라는 현상이다.

그러므로 발기력의 강약은 선수(仙髓)의 발기중추의 역할 여하에 따라 구별된다. 나이를 먹어가면 노화현상에 의해서 이 발기중추의 역할이 약해져 여간한 자극으로는 움직이지 않는다. 이것이 파워의 쇠퇴이다.

여기에 대항하기 위해서 주위에 젊은 여성을 두어 시중들게 하는 것이 가장 좋다. 성적인 자극에 의한 호르몬의 분비가 왕성해지고, 남성 기능도 활발해진다. 정력감퇴로 고민하는 남성에게는 "바람이라도 피워서 젊은 애인이라도 만들면 곧 원기왕성해집니다" 하고 말하고 싶다. 단, 이것을 장려할 수 없는 것은 의사인 나의 고통스러운 점이다.

그럼 도대체 돈이나 권력이 없는 우리들은 어떻게 하면 좋을까요?

나의 입장에서 절대 틀림이 없는 것만을 말씀드리면 "육체적으로는 건강하고, 정신적으로는 건강하지 못한 불량 중년이 된다"는 것을 명심해 주길 바란다.

알기 쉽게 말하면 "놀기 좋아하고, 바람 피우기 좋아하는 건강한 사람"이라고도 할 수 있을까. 어쨌든 한때 유행한 '창백한 얼굴의 모레츠 역할의 벌'이란 일반적으로 반대의 존재이다.

일은 본래 적당히 능력은 있지만 회사에서도 무턱대고 출세하려고 생각하지 않는 편이 좋다. 그 대신 술, 노름을 즐기고, 여자를 보면 곧 손을 뻗고, 스포츠로 몸을 단련하는 것을 잊지 않는다. 영양이 풍부한 미식이 좋아—이렇게 되면 스트레스가 쌓이지 않고, 만약 쌓여도 곧 발산해 버린다.

여자 뒤를 따라가는 것으로 호르몬 분비는 왕성해지고, 단련한 몸과 영양이 풍부한 식사를 하면 파워 업은 당연하다. 주위에 있는 남성을 생각해도, 이런 남성은 예외 없이 섹스가 강하고, 나이를 먹어도 쇠퇴하지 않는다. 그리고 이상하게도 비지니스에도 성공하는 사례가 많다.

이것에 반해, 출세 경쟁에 몰두하고, 회사에서 부장이다 중역이다 하는 출세만을 생각하고 있으면 터무니없이 많은 스트레스에 괴로워한다. 그렇게 되면 곧 섹스의 파워는 떨어져 버린다.

이것만큼 어리석은 일은 없다. 인생은 길다. 즐겁고 한가롭게 사는 것이 최고다. 이러한 여유파의 사람들이야말로 일의 지속력도 있다는 것이다.

90 세까지 '남성'이기 위해서

모범적인 불량 중년이어도 남성은 몇 살까지 가능할까?

결론부터 먼저 이야기하면, 모든 조건만 갖추면 80 세부터 90 세까지는 문제 없다.

100 세가 지나도 아이를 낳게 한 남성의 기록도 있을 정도이다. 스카치 위스키의 일품 '올드 파'는 152 세까지 살았다고 하는

'파할아버지'(정식 이름은 토마스 파)에게서 딴 것이지만, 이 할아버지는 90 몇세에 18 살의 마을 아가씨를 강간했다는 전설이 남아 있다.

부녀 폭행은 대죄이지만, 90 몇세의 할아버지가 했다고 하면, 이것은 훈장감이라 할 정도의 진기한 사건이 되었다. 축하한다며 그의 장수의 절륜을 본받으려고 하는 남성이 좋아하는 위스키에 그의 이름을 붙인 적이 '올드 파'의 이름의 유래라고 한다.

일본에서도 90 세가 지나서 아이를 낳은 남성의 기록이 있고, 최근 유명인으로 말하면 70 세가 넘어서 애인에게 아이를 낳게 한 우에하라(上原) 씨의 예도 있다.

일본 남성의 경우, 특별한 예를 제외하면 대개 70 대로 거의 불이 꺼져 버리는 경우가 많으며, 80 대가 한도이다. 90 세의 이야기를 들으면 완전히 못쓰게 되었다 한다.

그렇지만 지금 40 세의 사람이라면 앞으로 50 년, 반세기 동안 섹스를 즐길 수 있기 때문에 안심하고 많이 노력해 주길 바란다.

"나는 40 대이지만 이제 한 달에 한두 번 겨우 한다. 이런 상태로 쇠퇴한다면 도저히 70 대, 80 대까지 할 수 없어"라는 불안을 호소하는 사람도 많다.

분명히 40 세로 한 달에 한두 번 겨우 한다면 도저히 70 대까지 가능하다고는 생각할 수 없다. 실제로 50 대, 60 대에 빨리 시들어 버리는 사람도 적지 않은 것이다.

평균 수명이 점점 길어지는 현대사회에서 50, 60 으로 시들어 버리면 문제이다. 90 세까지 남성이기 위해서는, 아니 죽을 때까지 계속 남성이기 위해서는 지금부터 노력하는 것이 중요하다. 이를 위해서도 이 책을 반복해서 읽어 주길 바란다.

6

담배와 술은 자기의 의지로 정복해야 한다

골초는 떳떳하지 못하다

지난번 미국을 방문했을 때 느낀 것은, 이제는 담배를 피우는 사람은 정말로 떳떳하지 못한 사회가 되어 버렸다는 실감이 났다.

일본에서도 최근은 비행기나 신간선의 좌석에 '금연석'이 생겼지만, 미국은 이것이 정말로 철저하다. 예를 들면 비행기에 타면 "16열과 17열의 좌석에 한해서 담배를 피울 수가 있습니다" 하고 방송된다. 즉, 담배를 피우는 것은 원칙적으로 금지되어 있어 꼭 담배를 피우고 싶으면 극히 일부의 구역만을 허락한다, 라는 느낌이었다. 말하자면 소수 민족적인 취급이다.

사실대로 말하면, 나는 그때까지 하루에 쇼트 호프를 여섯 갑이나 피우는 골초였지만 이 여행중에 결심하고 끊어 버렸다. 그 정도로 의붓자식 취급을 받아가면서까지 담배를 피우고 싶지 않다는 생각이었기 때문이다.

그러한 풍조이므로 어느 마을에 가도 '2주일 만에 담배를 끊을 수 있는 강습회'라는 모임이 활발하게 행해지고, 그러한 간판이나 신문광고가 가는 곳마다 범람했다. 이제는 금연은 사회운동화한 느낌마저 들었다.

담배가 이 정도로까지 나쁘게 취급받는 데에는 명쾌한 이유가 분명히 있다. 끽연자 자신의 폐암의 원인이 될 뿐만 아니라, 담배를 피우지 않는 사람에게도 폐를 끼친다는 것이다.

단, 여기에 이설(異說)도 있다. 끽연과 폐암에는 그 정도로 깊은 관계는 없다는 데이타도 있다. 거기에 담배로 인해 정신을 편안하게 쉬게 하는 것은 스트레스 해소의 묘약이 된다고 설명하는 사람도 많다.

나 자신도 본래는 애연가였지만 히스테릭하게 담배를 배격하는 오늘날의 풍조에는 일말의 저항을 느낀다. 다른 사람에게 폐를 끼치지 않는 한 자기가 즐기는 것은 자유라고 생각한다.

그러나 결론부터 먼저 이야기하자면 가능한 한 역시 담배는 끊는 것이 좋다. 담배는 당신의 섹스 파워를 현저히 감퇴시키기 때문이다.

담배는 임포텐츠의 원인이 된다

미국의 알루본 오슈너 박사에 의하면 "오랫동안의 임상경험으로 이야기하면, 끽연이 임포텐츠의 최대 원인이 되는 것을 확인했다. 이것은 특히 젊은 사람에게 많다"는 것이다.

박사는 지금까지 수백 명의 끽연자에게 금연을 권해 왔다. 그 결과, 순조롭게 금연에 성공한 사람들은 예의 없이, "정신의 안정감이 증가하고 식욕이 왕성해져, 후각·미각의 민감해진 것"을 보고하고 또,

"담배를 피울 때와 비교하면 분명히 섹스가 강해졌다"고 중대한 발언을 한 것이다.

바꾸어 말하면, 담배를 피우는 것은 "정신을 불안정하게 하고, 식욕을 감퇴시켜 후각·미각을 둔하게 하며, 게다가 섹스를 약하게 한다"는 것이다.

원래 매우 열성적인 금연운동가인 오슈너 박사의 보고이므로, 액면 그대로 받아들여도 좋을지 어떨지 검토의 여지는 있을지도 모른다. 하지만 나 자신의 금연체험으로도 담배를 끊고 나서부터 식욕이 증가하고, 뭔가 먹고 싶어진 것은 100퍼센트 단언할 수 있다. 덕분에 5kg이나 살이 쪄버렸다.

문제는 섹스 파워이지만 이것도 분명히 차이가 있었다. 최근 아내의 기분이 좋은 것이 무엇보다도 좋은 증거이지만, 시험 삼아 아는 사람의 금연 체험가에게 물어 보면 모두 한결같이 "파워 업한 것 같다"고 대답한다. 적어도 약해졌다고 대답하는 사람은 한 명도 없었다.

그렇다면 슬슬 정력의 쇠퇴가 걱정이 되기 시작한 중년세대는 금연으로 파워 향상을 도모하는 것은 매우 현명한 처사라고 할 수 있다.

그렇다 치고, 왜 담배가 섹스를 약하게 하는 걸까? 여기에 대해서는 M. 어. 브릭스 박사가 흥미 있는 가설을 내세웠다.

담배를 피우면 혈액 속의 일산화탄소가 증가하여, 고환을 만드는 어떤 종류의 세포의 활성을 억제해 버리는 것은 아닐까 하는

설이다. 이 때문에 테스토스테론(남성 호르몬의 일종)의 분비가 억제되어, 섹스의 능력을 약하게 하는 것은 아닌가 하는 것이다. 실제로 끽연자와 비끽연자의 혈액 속의 테스토스테론을 측정해 보면 끽연자쪽이 훨씬 양이 적은 것이 판명되었다.

끽연에 의한 남성 호르몬의 감소는 다행히도 금연으로 곧 회복할 수 있는 것이다. 브릭스 박사의 조사에서는 약 1주일 동안의 금연으로 효과가 나타나며, 또 오랫동안 금연을 계속하면 완전히 비끽연자의 레벨까지 되돌아온다고 한다.

결국 담배는 하루빨리 끊는 편이 좋다. 폐암설에 위협받고, 비끽연자로부터는 백안시되고, 또 게다가 섹스까지 약해져 버린다면 담뱃가게에게는 미안하지만 아무래도 담배는 권할 수 없는 것이다.

술로 조루를 방지할 수 없다

담배와 함께 자주 문제가 되는 것이 술이다. 여기에 대해서는 어떨까요? 습관적인 음주도 섹스 파워를 저하시키므로 주의가 필요하다.

피츠버그 대학 교수의 D. H. 셀 박사의 연구에 의하면 습관적으로 다량의 음주를 계속하면 2~5년 동안에 약 70%의 남성이 임포텐츠가 된다고 한다.

그 이유로 다량의 음주가 남성의 고환조직을 위축시켜, 테스토스테론의 분비량이 저하하기 때문이라고 지적하고 있다.

그런데 조루경향이 있는 남성이 "술을 마시면 지속력이 증가하므로 도와 준다"고 말하는 것을 종종 들은 적이 있었다. 분명히 알콜에는 신경을 둔하게 하는 역할이 있으므로 조루 대책으로서 일시적으로는 유효할지도 모른다. 하지만 여기에 위험한 함정이 있다고 셀 박사는 보고하고 있다.

술에 의한 지속력의 증대는 다분히 심리적인 것으로 반복됨에 따라 곧 효과가 떨어진다. 그러면 그것을 커버하려고 전보다 많은 양의 술을 먹게 된다. 이 악순환을 반복하는 동안에 점점 주량이 증가하여 마침내는 정말로 알콜 중독이 되는 경우도 있다.

성적 불만을 해소하려고 술과 친해지는 것이 알콜 중독환자가 증가하는 하나의 원인이라고 셀 박사가 지적하였다.

일본에서도 옛부터 "다량의 음주를 하는 사람에게는 아이를 낳게 하는 정충이 없다"고 전해 왔지만, 이 속설에는 일면의 진리가 있는 듯하다.

한창 때에 권하고 싶은 음주법

그럼, 강한 남성이 되기 위한 음주법을 서술해 보자.

우선 횟수에 주의하자. 매일 밤 마시는 것은 절대로 피해 주길 바란다. 체내에서 알콜 성분이 완전히 없어지기 전에, 또다시 알콜이 섭취되기 때문이다. 그런 상태가 계속되면 알콜 중독이 된다.

미국 학자 중에는 "음주는 일주일 동안 이틀로 제한하자"고 충고하는 사람도 있다. 그러나 한창 때의 중년남성에게 주 2일 이내는 약간 무리일 것이다.

여기서 나는 "일주일 동안 2~3일은 완전히 술을 마시지 않는 날을 만들자"고 제안하고 싶다. 예를 들면 화·목·일요일의 3일간은 '술 없이' 하고 가능한 한 정확히 지키도록 노력해 보자. 일 때문에 아무래도 마시지 않으면 안될 때는 다음날은 반드시 술을 마시지 않겠다고 결심하는 것도 필요하다. 다음으로 양이지만, 물 탄 위스키라면 싱글로 2잔 정도, 많아야 4잔 정도로 제한해 둔다. 맥주라면 한 병, 일본 술은 1~2잔 정도가 적당하다. 홀짝홀짝 천천히 마시면 이 정도로도 하룻밤 교제할 수 있다. 모처럼 횟수를 줄여도 그때마다 곤드레만드레로 취하면 아무 소용이 없다.

안주로는 소금기가 많은 것을 피함과 동시에, 양질의 단백질을 함유한 식사로 배를 채워 두고서 마시기 시작하는 것이 좋다. 전쟁 전의 주객처럼 아무 것도 먹지 않고 오직 술만 먹는 것은 몸에 가장 좋지 않다.

이러한 음주법을 알아 두면 몸에도 좋고 술자리에서도 실수를 하지 않는다.

임포텐츠를 고치는 최신 의학

원인이 술이런지 담배든지 혹은 심한 스트레스든지, 불행하게도 완전한 임포텐츠에 빠져 버렸다면 어떻게 하면 좋을까?

조루·지루(遲漏)라면 아직은 구제할 수 있지만, 삽입불능의 임포텐츠가 되면 남성으로서는 구제불능이다. 섹스의 의지는 충분히 있는데, 중요한 페니스가 전혀 말을 듣지 않는 것은 남성의 최대의 비극일 것이다.

다만 심인성(心因性)의 임포텐츠라면 아직 희망이 있다. 가벼운 정도라면 자기의 기분을 전환하는 방법으로 고치는 경우도 있다. 심신증(心身症)에 빠져서 임포텐츠가 된 비즈니스맨이 건강한 마음을 되찾는 순간, 임포텐츠도 나았다는 이야기도 들었다. 또 심한 정도가 아니면 심리요법으로 정신적인 장해를 제거하는 것도 가능하다.

문제는 여간한 심리요법으로는 결말이 나지 않는 중증의 임포텐츠, 또는 외상이나 내장장해 등으로 생긴 기질적(器質的)인 임포텐츠이다.

그런 경우에도 외과 수술로 임포텐츠를 고치는 방법이 있는 것을 알아 두면 좋다. 그것은 페니스 속의 해면체의 인폴란트라는 실리콘제의 가늘고 긴 심지를 묻어서 페니스에 어느 정도의 경도를 갖게 하여, 여성의 성기에 삽입을 가능하게 하는 방법이다.

이 수술로 페니스는 항상 일정한 길이·두께·경도(硬度)를 갖게 된다. 길이는 평상시의 페니스를 손가락으로 세게 잡아당긴 정도의 길이가 한도이므로, 완전한 엘렉트 때에 있어서 보통의 페니스에 비하면 짧지만, 이것은 할 수 없다. 두께·경도는 보통 페니스에 비해서도 거의 손색이 없다.

단 평상시에 바짓가랑이가 조금 거북한 것도 각오해야 한다. 시간이 지나면 전혀 문제가 안된다. 배뇨시에도 통증이나 위화감은 없다.

삽입시에는 페니스를 손으로 들어올리기만 하면 삽입도 부드럽고, 여성을 충분히 흥분시킬 수 있다.

이 임포텐츠 수술은 소요시간이 1시간에서 1시간 반 정도, 요추(腰椎) 마취를 하기 때문에 수술 중의 통증은 전혀 없지만, 3~7일간 입원해야 한다. 수술비용도 검사, 입원비 등 모두 합치면 7백만원~8백만원 정도 들지만, 불능자의 슬픔에서 섹스가 다시 가능하게 되어 여성을 즐겁게 해줄 수 있는 가치를 생각하면 결코 비싼 것은 아닐 것이다. 가장 최근에 내 진료소에서 이 수술을 받은 어떤 남성이 "어쨌든 여성과 섹스를 할 수 있는 것은 정말 좋은 일입니다. 상대방을 완전히 즐겁게 해줄 수도 있어 남성으로서의 자신감이 회복되었습니다" 하고 진지하게 이야기하는 모습이 매우 인상적이었다.

7

성 기교가(性技巧家)

배울 점이 많은 동양의 고전

영화〈장군〉이 대 히트한 이래, 미국에서는 꽤 오랫동안 일본붐이 계속되었다고 한다. 《미야모토 무사시(宮本武藏)》나 《오륜서(五輪書)》의 영역본(英譯本)이 서점의 눈에 잘 띄는 곳에 진열되어 있었다. 같은 이유로 《파이트 리포트》의 남성판 등과 나란히 동양의 고전적인 성전(性典)도 날개돋히듯 팔린다고 한다. 이들 고전적인 성전(性典)은 근대 의학의 입장에서 검토해도 상당히 얻을 수 있는 부분이 많은 것이다. 별로 좋지 않는 의학서보다도 훨씬 합리적인 부분이 많으며, 무엇보다도 성(性)에 대한 사고방식, 대전법(對戰法)이 매우 진격(眞擊)하며 사상적이다.

그런데 동양적인 섹스 지도라 하면, 곧 '팔천이심 우삼좌삼(八淺二深 右三左三)' 등이라는 말이 떠오른다. 말할 것도 없이, 얕게 8번 찌른 다음 깊게 2번이라는 의미이지만, 어떤 책을 읽어도 남성 자신에게 오랜 지속력을 요구하는 것이 공통적인 특징이

다. 지속력을 낼 수 없다면 읽어도 아무런 도움이 되지 않은 경우
도 있다. 그 방법을 다시 새삼스럽게 쓰자면, 동양의 성의학의
신수(神髓)를 명저 《소녀경(素女經)》 중에서 찾아보자.
　《소녀경》은 후한(後漢 ; 27~204 년)에서 삼국시대(220~264
년) 사이에 쓰여졌다고 한다. 내용의 형식은, 전설적 제왕인 황제
(黃帝)가 방중술(房中術)의 권위로 평판이 높은 소녀(素女)라는
여성에게 질문하여, 소녀가 거기에 대답하는 형식으로 되어 있
다.

놀랄 만한 체위의 바리에이션

　이 고전적인 성서가 주장하는 것은, 올바른 섹스의 기술을 익힘
으로써 좋은 쾌락을 얻을 수 있을 뿐만 아니라, 건강이나 장수도
얻을 수 있다는 점이다. 물론 부분적으로 황당무개한 부분도 없진
않지만, 의학적으로 보아 긍정할 수 있는 부분이 많다. 쓸데없이
다종(多種) 다채로운 체위를 가르치기만 하는 오늘날의 성 과학서
에 비해 '기(氣)와 마음의 일치'를 설명하는 소녀쪽이 훨씬 유익하
다고 할 수 있을지도 모른다. 이하《소녀경》이 가르쳐주는 테크닉
의 요점을 간단하게 소개한다.

　令女正偃臥向上　男伏其上　股隱於狀　女擧其陰臥受玉莖　刺
其殼實　又攻其上　疏緩動搖　八淺二深　死往生返　勢壯且強
女則煩悅　其樂如倡　致自閉固　百病消亡
　이른바 정상체위에 의한 성교를 체위의 제일로 꼽고 있는 것은

옛날이나 지금이나 역시 이 스타일이 가장 일반적이기 때문일 것이다. 처음 본 어려운 한문이지만, 한자의 의미를 천천히 더듬어 가면 거의 이해할 수 있을 거라고 생각한다.

이해하기 어려운 표현에 주석을 달면, '자기곡실(刺其穀實)'이란 페니스로 클리토리스를 애무하라는 의미이다. '사왕생반(死往生返)'이란 찌를 때는 부드럽고 천천히 깊숙이 들어가게, 끌어당길 때는 재빨리 끌어당기라는 뜻이다. '기락여창(其樂如倡)'은 여성이 노래하는 소녀처럼 소리를 내고 기뻐하는 모습을 말한다. 끝으로 이렇게 하면 백 가지 병도 없어진다고 한다.

令女俯伏尻仰首　伏男跪其後　抱其腹　乃內玉莖刺其中極　務今深密　進退相薄　行五八之數　其度自得　女陰閉張　精液外溢　畢而休息　百病不發　男益盛

이것은 두 번째로 꼽는 체위로, 소위 전형적인 향배체위(向背體位)이다. 여성은 후배위(後背位)로, 남성이 뒤에서 공격하는 방법을 설명하고 있다. '오행팔지수(五行八之數)'란 40회의 피스톤 운동을 하시오, 라는 의미이다. '여음폐장(女陰閉張)'이란 여성의 장막이 열린다는 것이다. 또 여기서 말하는 '정액'이란 남성의 정액이 아니라, 여성의 애액(愛液)이다. 백 가지 병을 막을 수 있어, 남성은 점점 강해진다고 설명하고 있다.

令女偃臥　男擔共股　膝返還過胸　尻背俱擧　乃內玉莖刺其臭鼠　女煩動搖　精液如雨　男深案之　極壯且怒　女快乃止　百病自愈

이것도 천천히 문자를 더듬어 가면 대략 그 의미는 알 수 있을 것이다. 여성의 양쪽 다리를 남성의 어깨에 멘 듯한 스타일로, 정상체위의 변형이다. '취서(臭鼠)'란 클리토리스이다.

이 체위는 중국인이 매우 좋아하는 형태로 결합도가 깊다. 또 이 변형으로 한쪽 다리만을 메는 체위도 중국인이 좋아한다.

男正反臥　直伸脚　女跨其上　膝在外邊　女背頭向足　據度俯頭　乃內玉莖刺其琴絃　女快精液流出如泉　欣喜和樂　動其神形女快乃止　百病不生

여성 상위체위로, 게다가 얼굴을 남성의 다리쪽으로 향한다. 소위 배면기승위(背面騎乘位)라는 스타일이다. 물론 대면기승위도 바로 다음에 등장한다. '男正偃臥　女跨其上　兩服向前……' 이란 것이 그것이다. 이러한 남성 상위체위, 여성 상위체위에 덧붙여서《소녀경》에서는 물론 측위(側位)도 나와 있다.

令女側臥　屈左膝　伸其右肶　男伏刺之　行五九數　數畢止令人關節調和　股治女閉血　日五行　十日愈

측위도 물론 가르치고 있는데, 이것이 그 하나이다. '굴좌슬(屈左膝)' '신기우비(伸其右肶)'란 왼쪽 무릎을 굽히고 오른쪽 넓적다리를 뻗는 것이다. 물론 좌우를 적절히 바꾸어도 상관없다. '남부좌지(男伏刺之)'란 남성이 덮이듯이 인서트하는 것이다. '행오구수(行五九數)'란 45회 피스톤 운동을 하라는 의미이다. 이렇게 하면 남성의 관절의 상태가 좋아지고, 여성은 생리불순이 고쳐진다고 한다.

《소녀경》에서는 이러한 체위를 정말 많이 소개하여 재미있지만, 모두 쓰려면 매우 지면이 부족하여 이쯤에서 끝내려고 한다.

《소녀경》에서는 건강의 근본은 바른 체위로 바른 성교를 하는 것에 있다는 입장을 일관하고 있다. 중요한 것은, 우선 여성을 쾌감으로 인도하여 샘처럼 솟아나게 하는 것에 있다고 설명하고 있다.

그 여성의 정기를 흡수하는 것으로 남성은 점점 건강해진다고 한다. 여성이 느끼지 못하는데 단지 남성만 멋대로 사정해 버리는 것은 굳게 금하고 있다.

그리고 또 하나 중요한 것은, 여성이 클라이막스에 달하면 그쯤에서 잠깐 쉬라고 설명하는 점이다. 언제까지나 질질 끌고 있으면 체력의 낭비라고 한다. 어쨌든 여성을 먼저 즐겁게 해주는 것이 남성의 중요한 주의사항임을 잘 알았으리라 생각한다. 이것이 2천년에 가까운 옛 중국인의 지혜인 것이다.

에너지를 방출하는 것을 아까워해야 하는 이유

《소녀경》에서 설명하고 있는 방중술의 깊은 뜻은 '접촉하되 사정하지 않는다'의 방법을 체득하는 것에 있는 것임은 이해한 대로이다.

남자는 매일 밤 여러 여성과 섹스하지만, 그때마다 사정하는 것은 매우 몸이 아깝고, 당연히 그것은 건강에도 나쁘다. 많은 여성과 접해서 섹스를 즐기려면 간단히 사정해서는 안된다는 것이다. '접촉하되 사정하지 않는다'라는 표현은 가이하라(具原) 씨의 《양생훈(養生訓)》에서 다루어졌기 때문에 알고 있는 분도 많을 것이다. 단, 이 의미를 '결코 사정하지 않는다'와 같은 의미로

해석하면 틀린다.

접촉할 때마다 일일이 사정하지 않는 것은 아니지만, 적정한 빈도로 사정해야 하는 것도 《소녀경》에서 설명하고 있다. 그러면 '접촉하되 사정하지 않는다'는 왜 유익한 것일까? 거기에 대해서는 다음과 같은 명쾌한 효용을 서술하고 있다.

氣力有餘　身體能便　耳目聽明　踔自抑靜　意愛更深

즉, 기력은 남아돌게 되고, 몸은 잘 움직여서 건강해지고, 눈과 귀는 분명해진다. 자제는 해도 더욱더 깊이 가고 싶어진다, 라는 것이다.

다시 말해서 에너지는 방출하는 것을 아까워하는 편이 낫다. 그러면 남성은 점점 왕성해진다고 한다.

단지 에너지의 소모만을 방지하는 것이라면, 아무 것도 하지 않고 잠만 자는 편이 좋지만 몸은 점점 노화한다. 젊은 여성과 매일같이 섹스를 하여 그 정기를 흡수하는 한편, 자기쪽은 정력의 낭비를 금한다는 것이다.

그런데 이 '접촉하되 사정하지 않는다'의 설에 대해서 그것은 오히려 몸에 나쁘다고 하는 반론도 있지만 이러한 반론은 《소녀경》의 주장을 오해한 데서 생겨난 듯하다.

앞서도 서술했듯이 《소녀경》에서는 '결코 사정하지 않는다'고 한 것은 아니다. 접촉만 하되 전혀 사정하지 않으면, 오히려 몸에 해롭다는 것도 분명히 가르치고 있다.

久而不洩致癰疽　若年過六十　而有數旬　不得交接　意中午午者可閉精勿洩也

186 제2편 성적 매력을 만드는 여덟 가지

오랫동안 억지로 사정하지 않으면, 종기 같은 것이 몸에 생기니까 주의하라는 의미이다. 본래 인간의 몸에는 타고난 강약도 있고 그때그때의 건강상태도 있다. 체력이 강한 것은 억지로 억제할 필요는 없다고 한다. 단지 60이 지나 몇 십일 동안 교접불능이라는 상태가 되면 사정하지 않는 편이 좋다고 가르치고 있다.

여성을 먼저 즐겁게 해줄 것인지가 문제다

그럼 도대체 어느 정도의 빈도로 사정하는 것이 좋을까요? 여기에 대해서도 《소녀경》은 명쾌한 기준을 나타내고 있다.

年二十盛者日再施虛者一日一施
年三十盛者可一日一施劣者二日一施
四十盛者三日一施虛者四日一施
五十盛者可五日一施虛者可十日一施
六十盛者十日一施虛者二十日一施
七十盛者可三十日一施虛者不瀉

20세로 건강한 사람이라면 하루에 두 번 사정하는 것이 좋지만 약한 사람은 한 번, 30세가 되면 건강한 사람이면 하루에 한 번, 약한 사람은 이틀에 한 번, 40세의 중년이면 강한 사람이라면 사흘에 한 번, 약한 사람은 나흘에 한 번, 50세 때는 강한 사람은 5일에 한 번, 약한 사람은 10일에 한 번 이런 식으로 횟수를 줄여간다고 한다.

좀더 확실히 하기 위해 덧붙여 두지만, 이것은 어디까지나 사정하는 횟수이지 성교의 횟수는 아니다.

대략 2 천여 년 전에 쓰여진 책으로 현대의학의 관점에서 분석하면 100 퍼센트 신용하기 어려운 것은 어쩔 수 없는 것이다.

그러나 여성과 많이 접촉하여 능숙하게 섹스하는 것이 남성의 에너지를 증가시킨다는 기본 테마는 내가 몇 번이나 서술한 것과 뜻밖에 일치한 것이다. 동서고금을 막론하고 여성이 남성의 활력원인 것은 변함없는 사실인 것이다. '접촉하되 사정하지 않는다'의 법을 실천하는 데는 여성이 황홀한 경지에 달해도 자신이 참을 수 있는 만큼의 지속력이 아무래도 필요하다. 그렇지 않고 접촉할 때마다 사정해 버리면 많은 섹스는 도저히 바람직하지 못하다.

이렇게 하면 발근의 지속력이 생긴다

그럼 지속력을 생기게 하려면 어떻게 하면 좋을까?

먼저 주의해야 할 것은 항문을 조미는 훈련이다. 어떤 요가 연구가에 의하면, 조루증이 있는 사람은 대부분 골반이 비틀어져 있는 것이 원인으로 항문의 수축력이 약해졌다고 한다. 항문 괄약근이야말로 사정 억제장치이므로, 이것을 긴축 완화시키는 일상훈련을 하면 어느 정도 조루는 치료할 수 있다.

구체적으로 어떤 훈련을 하면 좋은가를 나열해 보자.

먼저 책상 다리를 하고 깊이 숨을 내쉰다. 다음에, 강한 숨을 들이마시면서 항문 괄약근을 꼭 조여서 수축시켜 그대로 10초간 숨을 멈춘다. 그리고 조용히 숨을 내쉬면서 항문의 힘을 늦춰 간다. 이상의 훈련을 매일 다섯 번씩 반복하면 좋다.

다음 지속력 강화법은 냉수 마사지이다. 일반적으로 정력을 세게하는 데는 고환을 냉수로 식히는 '금냉법(金冷法)'이 효과가 있다고 하지만, 특히 지속력의 강화에는 이 방법이 역효과가 되는 경우도 있다. 그럼 어떻게 하는가? 페니스만을 매일 냉수 마사지 하는 것이 좋다. 먼저 세면기에 냉수를 채워, 페니스를 손가락으로 자극하여 엘렉트 상태가 되면 한 손으로 밑부분을 잡아 페니스를 냉수에 담가 천천히 훑는다. 그리고 1분이 지나면 물을 바꾼다. 그 이유는 체온으로 물이 미지근해지면 효과가 떨어지기 때문이다.

3분 동안 두 차례 물을 바꾸어 매일하면 눈에 띄게 지속력이 생긴다고 단언하는 사람도 있으므로 시험해 보길 바란다.

다음으로, 인서트 중의 지속력 강화대책에 대해서 서술해 보자.

　우선 요도구부(尿道球部)를 눌러서 사정욕(射精欲)을 완화시키는 방법을 가르쳐 주고 싶다.

　페니스와 항문 사이를 회음부(會陰部)라 하지만, 남성의 이 부분에 손가락을 대면 세로로 하나의 관이 있는 것을 알 수 있다. 이것을 '요도구부'라 한다. 이것을 쥐면 고조되어 있는 사정욕이 떨어진다. 한창 섹스 중에 이것을 몇 차례 행하면 2분밖에 못했던 지속력이 5분, 6분으로 상승한다.

　이 방법이 귀찮은 사람은 포르노 가게에서 시판되고 있는 페니스용 링을 사용하는 방법이 있다. 링으로 밑부분을 조이는 것으로 사정욕이 떨어져 삽입시간을 지속시킬 수가 있다.

　또 한 가지 비교적 간단하게 할 수 있는 지속력 강화법은, 옷을 2벌 껴입고 섹스하는 것이다. 말할 것도 없이 옷을 껴입으면 페니스의 감도는 둔해져 사정욕의 도래(到來)가 그만큼 늦어지기 때문이다.

　그 외에, 여성에게 도움을 받아 한창 섹스 중에 허리의 움직임을 멈춰 주거나, 일부러 무드에 물을 붓는 듯한 대화를 교환하여 삽입한 채 잠시 쉬기를 도모하는 습관을 갖는 것도 좋을 것이다.

　마지막으로 중요한 문제로서, "자기가 빨리 달해 버리는 원인이 포경에 있는 것은……?" 하고 생각해 보는 것도 필요하다.

　보통 사람이라면 감도는 일정하지만, 반성 포경(仮性包莖)의 경우, 평상시의 자극이 없으므로 엘렉트하여 귀두가 노출하면 너무 빨리 느껴서 빨리 달해 버리는 경향이 있다.

　앞에서 서술했듯이 포경에는 백 가지 해는 있어도 한 가지 이득도 없다. 불필요한 가죽은 하루빨리 완전히 제거해 버린다. 수술은

매우 간단하게 끝나므로, 포경인 사람도 크게 고민할 필요는 없
다.

8

아내나 연인을 '좋은 여자'로 만들어라

여성의 명기(名器)는 남성의 영원한 꿈

작가 카와가미소쿵(川上宗薫) 씨는 여체의 구조 탐구에 매일 밤 분투하고 있다고 하지만 '명기'에 대한 남성의 갈망은 그칠 줄 모르는 것이다.

남성이 계속해서 새로운 여성을 찾아 혈안이 되어 있는 것도, 요는 미지인 '구조'를 조금이라도 많이 맛보고 싶다는 기대 외에 없다. '조임새'가 좋다고 소문이 난 여자라면 어떠한 대가를 치르더라도 꼭 밤을 함께 보내고 싶어들 한다.

부인과의 횟수가 현저히 줄어 버렸다고 말하는 중년남성을 자주 보지만, 이유는 뭐니뭐니 해도 신선미가 없다는 점이다. 동시에 부인의 구조에 대한 불만도 이유이다. "아이를 낳고서 아무래도 늘어난 것 같아……. 꽉 잡는 듯한 감촉이 없어. 아무래도 뭔가 부족해" 하고 이야기한다. 이러한 불만에 대해 "그것도 기분탓이야. 아이를 낳아도 갑자기 느슨해지거나 하는 것은 아니야" 하고 가르치고 있는 사람들이 있다. 소위 섹스 카운셀러라 칭하는 사람들도 남편이 아내에 대한 위로와 애정이 있으면 그런 불만은 생길 리가 없다고 설명하고 있다.

인도적인 견지에서 말하면 정말로 좋은 지도라고 할 수 있을지도 모른다. 그러나 순수하게 의학적 견지에서 말하면, 경산부(經産婦)의 질이 처녀나 아직 아이를 낳은 적이 없는 부인의 그것보다 일반적으로 늘어나 있는 것은 부정할 수 없는 사실이다. 남편이 출산 후의 부인에게 불만을 갖는 것도 결코 단순한 기분탓만은 아니다.

경산부·미산부(未産婦)에 한하지 않고, 일반적으로 여성의 성기는 잘 조여지는 사람이 있는가 하면 느슨한 사람도 있다. 이것은 엄연한 사실이다. "메마른 흑색의 여성은 조임이 좋다"라든가 "필리핀 여성 중에는 명기가 많다" 등 민족적인 차이나 체형적인 차이를 말하는 사람도 있지만, 그야말로 기분 탓으로 일반론으로는 통용되지 않는다. 어디까지나 이것은 '신의 섭리'인 것이다.

똑같은 체형으로, 피부의 색도 같은데 눈이 큰 사람이 있는가하면 작은 사람도 있다. 목소리도 소프라노에서 앨토까지 여러 가지로 백 명이 백 가지 모양이다. '어느 부분'도 마찬가지인 것이다. 부인 혹은 연인이 명기에 해당한 남성은 행복한 사람이다. "50살이 지나도 매일 밤"이라는 절륜 남성은 분명히 본인도 강하지만, 상대 여성이 절품의 명기이므로 매일 밤 열심히 하는 경우가 많다. 단지 강한 것만으로 그렇게 매일 밤 할 수는 없다.

명기(名器) 덕분에 강한 남성이 될 수 있다니, 어쩌면 행운아이구나 하고 군침이 나오지만, 그 한편으로 범기(凡器)의 부인이나 연인하고만 관계를 가진 남성은 꽤 불공평하다고 화가 날 것이다.

그 때문일까, '명기의 소유자인가 아닌가를 분별하는 법'이 이미 이것저것 유포되고 있다. 대표적인 것이 '귀의 홈이 가는 여성은 명기'라든가, '입이 작게 오므라진 여성은 조임이 좋다'라는 것이다. 정말로 믿고 있는 남성도 적지 않다.

나의 체험이나 진료실에서의 검진에 의한 기억을 더듬어 보면 들어맞는 경우도있지만, 맞지 않는 경우도 있다. 그러므로 유감스럽게도 겉모습만으로는 명기·범기의 구별은 가지 않는다. 하나하나 직접 확인할 수밖에 없는 것 같다.

'좋은 여자'를 만드는 것도 당신 책임

그런데 문제는 불행하게도 당신의 부인이나 애인이 느슨한 사람인 경우이다. 운이 나빴다고 깨끗이 단념하고 세월과 함께 강한 남성과 작별할 수밖에 없는 것일까? 손가락을 깨물며 강한 남성을 유감스럽게 여기고만 있을 것인가?

내 진료소에서는 질이 넓은 여성을 위해 질축소 수술을 하고 있다.

하지만 "선생님, 남편이 나의 것을 느슨하다고 말합니다. 그것 때문에 바람 피우고 있는 것 같아요. 꿰매서 명기로 만들어 주세요." 하고 호소하는 여성을 정중히 진찰하면, 반드시 느슨한 사람이라고 단정지을 수 없는 경우가 많다. 아무래도 남성이 "당신은 느슨해" 하고 말해서, 자신이 상실되어 버린 경우가 많은 듯하다.

그러한 여성에게 공통적으로 말할 수 있는 것은 소위 '탄력 있게 하는 법'을 모르는 것이다. "소변 보는 도중에 꼭 끊어지는 느낌으로 근육을 움직여 보십시오. 그 느낌을 파악하거든 섹스 때에 응용해 보십시오" 하고 가르쳐 주고 있지만, 이런 초보적인 것은 남편이 가르쳐 주었으면 한다.

연령적으로 용모와 자태의 쇠함과 함께 남편이 요구해 오는 횟수가 현저히 줄어들고, 게다가 '당신은 느슨해' 따위의 말을 듣는다면 여성은 무척이나 가여워진다.

태어난 아기를 미인으로 만들고 싶다면, 끊임없이 "너는 예뻐" 하고 계속 칭찬하는 것이 요령이 아닐까. 이 한마디가 아이에게 자신감을 주어, 스스로의 노력도 덧붙여져서 정말로 미인으로 성장한다고 한다.

부인이나 애인을 명기로 만들고 싶을 때도 똑같은 요령이다. "당신 것은 근사해" 하고 칭찬해 주는 것이 무엇보다도 좋은 방법이다. 여성은 자신이 생기면 대담하게 행동하게 되고, 적극적으로 연구하려는 마음도 생긴다. 부인잡지에서 '남편을 즐겁게 해주는 테크닉' 류의 기사도 열심히 읽고, 스스로 노력하게 된다. 밤 생활이 충실해지면 두 사람의 애정도 깊어지므로 점점 원만해질 것이다. 그리고 아내는 점점 '좋은 여성'이 되고, 당신은 더욱 '강한 남성'이 될 수 있는 것이다.

느슨하다, 탄력 있다, 라고 말하기 전에 여성을 명기로 만드느냐 그렇지 않느냐도 남성의 실력이라고 생각해야 한다.

순식간에 명기로 변신하는 법

앞에서도 약간 다루었지만, 여성의 늘어난 질을 외과수술로 탄력 있는 질로 만드는 방법을 가르쳐 주겠다.

방법은 간단하여, 늘어난 질의 점막과 근육의 일부를 절제하고 좁게 꿰매면 된다. 다시 말하면, 허리 둘레가 헐렁헐렁한 스커트를 여분의 천을 잘라내고 다시 꿰매는 것과 똑같은 이치이다.

이전의 협질(狹膣) 수술은, 질 입구 부근의 점막과 근육을 꿰매는 것만으로 입구는 줄어들었어도 질속은 그대로 늘어나 있었다. 요즈음의 협질 수술은 질입구와 함께 안쪽 근육도 꿰매므로 입구 내부 모두 탄력이 좋아져, 효과는 매우 좋다. 다시 말하면 '2 단 죄이기'의 질이 탄생한 셈이다.

죄송스럽게도 자화자찬이지만, 내 진료소에서는 꿰맨 점막과 근육을 단순히 절제하는 것이 아니라, 그것을 질 내부에 수북이 쌓아올리는 수술 방법을 채택하고 있다.

이렇게 하면 질의 느슨함이 고쳐질 뿐만 아니라 질 안쪽에 커다란 주름을 만들어, 한층 신축감과 자극이 생긴다.

이 방법은 요즈음 나만의 특별한 연구이다.

이렇게 수술이 끝나고 5, 6주가 지나 드디어 성교 해금일이 되면, 여성도 한층 흥분하고 긴장하는 듯하다. 여하튼 몇 주일만 맡겨 주시면, 나중에는 "명기로 변신해 있을지도!"라는 기대감에 가득 차 있으므로 무리도 아니다. 결코 흥미본위가 아니라, 나 자신의 공부나 지금의 수술의 참고를 위해서 나는 섹스 해금 후의 상세한 보고를 그녀들에게 받고 있다. 대부분은 전화로, 몇 명은 부끄러운 듯한 목소리로 보고해 주지만, 그 중에는 편지로 빽빽하게 써 오는가 하면, 요즈음 유행하는 수기식의 레포트를 부쳐 오는 사람도 있다.

그 중에 34세인 유부녀 M 씨의 편지는 상당히 뛰어났다. 양해를 얻고 조금 길지만 전문을 소개해 드린다.

남편뿐만 아니라 아내의 환성도 증대

선생님.

망설임과 두려움과 불안에 견디면서 귀하의 병원에서 수술을 받고 나서, 꼭 6주가 지났습니다. 5주 정도로 괜찮다고 들었습니다만, 신중을 기하여 정확히 6주가 지난 후 어젯밤 처음으로 남편과 부부생활을 가졌습니다.

선생님으로부터 수술 후의 성생활에 어떤 변화가 있었는지 보고해 달라고 하셨지만 부끄러워서 도저히 직접 이야기할 수 없어서 이렇게 편지로 보고드립니다.

실은 처음에 남편은 내 속으로 들어올 수 없었던 것입니다. 조금 당황하는 듯했습니다. 너무 오랫만이라는 것과, 수술 후 처음이라는 것으로 서로 긴장하는 듯했습니다.

내쪽이 그다지 젖어 있지 않는데다 남편도 발기가 충분히 되어 있지 않아, 그래서 좀처럼 들어올 수 없었던 것입니다. "침으로 적셔 보세요……" 하고 내가 이야기하자 남편이 알아차린 듯이 급히 격렬하게 입술로 거기에…….

몇 번째의 시도로 쑥 들어갔습니다. 이 때, 내게는 약간 통증이 있었습니다. 상처의 통증이 아니라, 오랫동안 닫혀져 있던 비밀의 장소가 무리하게 열린 통증이었습니다. 옛날에 맛보았던 그 통증과 비슷한 감각이었습니다.

그런데 남편이 겨우 들어왔다고 생각한 순간 '윽' 하고 신음하고 어이없이 끝나 버렸습니다. 20초밖에 걸리지 않은 짧은 시간이었습니다. 본래 조루는 아닌데 어찌된 일일까요? "아니 좀 흥분해서야. 게다가 당신의 거기, 굉장히 조여서 아플 정도로 꽉 끼였어. 오랫만이어서 그런 거야" 하고 남편이 말했습니다.

2번째 행위를 할 때는 서로 매우 만족했습니다. 하룻밤에 2번이라니, 신혼 당시 이래의 사건으로 나는 매우 기뻤던 것입니다. 남편이 자기 물건을 넣거나 손가락을 넣어서, 나의 몸을 샅샅이 검토하고 나서 이렇게 말했습니다.

"이런 명기로 바꾸리라고는 생각지 않았어. 이럴 줄 알았으면 더 빨리 수술을 받게 할 걸. 이제부터는 매일 밤이야……."

사실은 나도 매우 좋았던 것입니다. 뭐랄까, 남편의 그것을 매우 샤프하게 파악할 수 있는 느낌으로, 여태까지 없었던 충실감을 느꼈습니다. 클라이막스도 매우 격렬하게 와서…….

지금까지 '태평양'이라느니 '느슨하다느니 하여 남편이 바람피우는 것도 그 때문이니까, 하고 참았던 것이 거짓말처럼 생각됩니다. 이제부터의 부부생활에 대한 기대에 가슴이 뜁니다. 감사의 말씀과 함께 보고를 이것으로 마칩니다.

M 씨의 편지는 이상으로 끝을 맺었다. 이러한 감격에 찬 보고를 받는 것은 나로서도 매우 기쁜 일이다.

이 수술은, 나는 최근 한 달 동안 평균적으로 20 여 건 하였지만, 수술 후의 결과에 불만을 터뜨리는 사람은 한 명도 없었다.

어쨌든 "당신은 느슨해"라는 폭언을 하며, 여성으로 하여금 점점 자신감을 잃게 하는 남성은 남성으로서 최저이다. 아무리 노력해도 잘되지 않는 태평양이라면, 오히려 적극적으로 인공 명기로 개조하도록 권해야 되지 않을까! 그리고 서로 만족할 수 있는 상태에서, 밤마다 서로 사랑하는 편이 보다 인도적이라고 생각한다.

에필로그
● ● ● ●
섹시한 남성이 되는 것을 주저하지 말라

이 책에서 내가 일관하여 주장해 온 것은 인간의 매력이란, 좋아하는 것과 좋아하지 않는 것에 한정하지 않고, 겉모습으로 꽤 많은 부분이 결정되어 버린다는 사실이다. 그렇다면 가능한 한 겉모습을 멋있게 다듬어서, 여성이나 남성도 크게 매력 있게 하는 쪽이 좋다고 말하는 것이 나의 주장이다.

물론 옛날에 대 히트였던 영화 〈엘레판트맨〉의 예를 들 것까지도 없이, 인간의 가치가 겉모양만으로 결정될 수 없는 것은 자명한 이치이며, 나도 그것을 결코 부정하지 않는다.

그러나 현실적으로 보면, 엘레판트맨과 같은 용자(容姿)의 사람을 구태여 애인이나 배우자로 선택하는 사람은 드물 것이다. 만약 그 사람이 아무리 추하지 않는 아름다운 마음을 가졌다 해도, 그 내면의 아름다움을 이해받기보다 먼저 겉모습의 추함으로 틀림없이 피해 버릴 것이니까.

백보 양보해도 '용모와 자태는 불문하고 마음이 아름다운 사람을' 하고 생각하는 사람이라도 모든 다른 조건이 같다고 볼 때 아름다운 사람이 더 좋은 것은 기정 사실이다. 그것이 자연스런 인간 감정이라는 것이다.

여성 잡지는 말할 나위도 없지만, 젊은이용의 남성 주간지 따위에서도 '어떻게 하면 더 아름답고 멋있어질까'라는 류의 기사가 많이 실려 있는 것도 그러한 현상을 나타낸다고 말할 수 있을 것이다.

어차피 이 세상은 무슨 일에 있어서도 미남 미녀가 더 많은 이득을 보게 되어 있다. 그래서 나는 모두가 지성과 교양을 연마하듯이, 용모와 자태도 아름답게 갖추도록 노력하라고 역설하는 것이다.

지금까지 설명한 얼굴과 스타일의 세이프 업의 요점을 여기에 다시 한번 정리해 두고자 한다.

첫째로, 현대는 남성도 미용성형을 하는 시대이다. 예를 들면 불과 5분간의 수술로 가늘게 째진 눈도 둥근 쌍꺼풀이 된다. 낮은 코, 언밸런스한 눈, 너무 좁은 이마 따위도 취향대로 고칠 수 있다. 놀랄 정도로 얼굴의 인상이 밝아져 호감이 가는 용모로 변신할 수 있을 것이다.

또 얼굴의 흉터나 추한 반점도 그다지 심한 것이 아니면 어느 정도까지 제거할 수 있다. 얼굴의 흉터를 깨끗하게 제거하면 취직하는데도 훨씬 유리하게 된다. 언청이의 수술 자국도 마찬가지로 깨끗하게 되는 것을 알아 두면 좋을 것이다.

또 젊음의 소치라고 할 만한 문신도 제법 깨끗하게 지울 수 있는 것도 알아 두면 좋다. 작은 것이라면 절제하여 꿰매면 좋고, 큰 것이라면 피부를 이식하는 방법도 있다. 이제 평생 동안 지울 수 없다고 체념할 필요는 없다.

다음으로, 명심해야 될 것은 비만에 대한 주의다. 말할 것도 없이 비만은 여러 성인병을 초래하는 원흉이 된다. 적절한 칼로리

관리와 스포츠로 날씬하고 발랄한 체형을 유지하도록 주의해야한다. 일본을 포함한 선진국에서는, 뚱뚱한 사람은 절대로 엘리트 코스를 걸을 수 없다는 사실을 잘 인식해야 한다.

그리고 인간 누구라도 맞이하는 현상으로, 나이와 함께 늘어가는 주름 문제, 주름이 늘어가면 이것도 깨끗하게 제거할 수 있다. 페이스 리프트로 불리는 젊어지는 수술로, 레이건 대통령도 행한 방법이다. 한 번에 5세에서 10세는 젊어질 수 있는 것이다.

또 대머리의 대책에 대해서도 여러 가지 연구가 진행되고 있음을 알아주길 바란다. 요즈음의 손질법이나 만일 머리가 벗어져 버린 경우의 외과적 처치도 비약적인 발전을 하고 있다. 한 번 머리가 벗어지면 "이제 틀렸어" 하고 단념하지 말고 신뢰할 수 있는 의사와 상담하길 바란다.

그리고 중요한 것은, 역시 섹스일 것이다. 섹스가 강하다는 것도 남성의 매력에는 빠트릴 수 없는 요소이다. 성기의 외견상 포경을 고쳐 두는 것이 절대 필요하다. 포경의 해로운 점을 서술하면 끝이 없지만, 지속력이 부족하여 조루의 오명을 입는 것은 명백하다.

또 포경으로 귀두부가 불결하기 때문에, 음경암이 걸릴 확률도 높다. 귀두는 언제나 노출시켜 두는 것이 바람직하다. 쓸데없는 가죽은 하루빨리 제거해야 한다. 수술시간은 불과 10분이다.

덧붙여 말해 두면, 사고나 정신적인 피로로 불행하게도 완전한 임포텐츠가 되어 버린 경우에도 아직 희망을 버려서는 안된다. 특수한 페니스 인플란트를 넣어서 페니스에 일정한 경도를 갖게 하여, 다시 섹스가 가능하게 되는 경우도 있기 때문이다. 노인성 임포텐츠의 경우도 마찬가지로, 최후까지 단념하지 말고 의사와 상담하길 바란다. 섹스가 가능하다는 것만으로, 남자로서의 자신이 몰라볼 정도로 소생하는 것이다. 마지막으로 한 가지, 부인이나 애인이 느슨하여 재미없다고 고민하는 사람은, 결심하여 그녀에게 질 축소수술을 권해 보는 것도 좋다. 어떤 여성이라도 즉시 명기(名器)로 다시 태어날 수 있게 된다. 좋은 섹스가 '좋은 여자'를 만드는 것은 영원한 진리이다. 부인이나 애인을 '좋은 여자'로 만들 수 없는 남성은 남성으로서 한심한 자이다.

이렇게 보면, 현대의 미용의학은 거의 불가능한 것이 없을 정도로 무엇이나 할 수 있는 시대가 된 듯한 생각이 들지도 모른다. 분명히 인간의 몸의 어느 정도까지는 외과적 수법으로 개조할 수 있게 된 것이 사실이다.

그러나 아무리 의학이 진보하고 과학이 발달해도 인간의 몸에는 도저히 손을 댈 수 없는 부분이 있다.

진부한 것이지만, 그것은 인간의 마음이다. 어떠한 명의(名醫)의 메스로도 아름다운 마음만은 수술로 만들어 낼 수 없다.

나는 겉모습의 아름다움을 거듭거듭 강조해 왔지만, 마음과 정신을 함부로 한다면 언젠가는 백치미인과 무능한 미남이 범람하게 될 것이다. 모처럼 겉모양을 세련되게 꾸몄다면, 내면(內面)도 역시 매력적으로 꾸미길 바란다. 그래서 마음과 정신을 아름답게 꾸미는 것은 의사가 아니라 당신 자신의 할 일인 것이다.

어느 대학 교수의
지적 성생활

로제 카이요와의 연구자로서 쓰카사키 씨를 알게 되었다. 구와하라 타케오 씨와 공동 번역하는 《문학의 오만》에는 프랑스 문학을 전공한 쓰카사키 씨의 자세가 드러나 있고, 스승 카이요와의 탐욕스러운 호기심과 철저함, 고독의 피를 제자 쓰카사키 씨가 어김없이 이어받고 있다고 생각했다.

카이요와는 신화(神化)·성스러운 것·본능·놀이·돌(石)······로 주제를 전개했다. 쓰카사키 씨도 그러한 테마의 필연으로서 섹스와 맞서게 되었다. 광석(鑛石)의 연구는 지구의 메시지를 듣는 것인데, 성(性)은 '자기'를 해부하여 밝혀 버리지 않는 한 본질에 육박할 수 없다. 터부를 터치하고 광대짓을 할 수 있는 용기가 요구된다.

국립대학 교수가 도전한 이 글은 매우 스캔들러스한테, 전투적 탐구자 쓰카사키 교수만이 써낼 수 있는 회심작이다.

《부인공론》부편집장   미스쿠치 요시로

※ 이 글은 1980년 《부인공론》 8월호부터 1981년 1월호, 6월호, 1982년 9월 호에 실었던 것임.

'놀이'로서의 섹스

♣ 섹스는 어처구니없을 만큼 쇠약해지기 쉽다

'놀이를 위한 연애'냐 '결혼을 위한 연애'냐가 떠들썩하게 논의된 적이 있다. 이를 본받아 말한다면 '놀이로서의 섹스'에는 '생식수단으로서의 섹스'가 대응된다.

섹스가 전에는 생식수단으로서만 인정되었다. 그러나 현재에는 생식수단으로 섹스가 기능(機能)하고 있는 것은 인간의 평생 몇 십년 중의 비교적 이른 시기의 수년 간에 기껏해야 두세 번의 일일 뿐이다.

때문에 생식을 위한 섹스는 오히려 예외적인 섹스의 일시적인 사용법이라고까지, 사실상 이미 되어 버린 것이다. 다시 말해 지금에 와서는 '놀이로서의 섹스'가 전부가 되어 버린 것이다.

몇 십년 동안이나 이어지는 이 섹스놀이를 우리들은 보통 똑같은 한 사람의 상대와 한다. 일부일처제(一夫一妻制)의 시비까지 여기에서 논의할 생각은 없지만 몇 십년 동안이나 같은 상대와 번번이 거의 똑같은 경과와 결과를 되풀이하여도 싫증이 안난다는 것은 솔직하게 말해서 쉽지 않은 놀라운 일이다.

아닌게아니라 기회는 빠른 속도로 뜸해져, 이윽고는 섹스의 욕구, 그 자체조차도 사라지기 쉽게 한다. 마음가짐에 따라서는

90 살 가까이까지 되어서도 여전히 매일 섹스한다는 예도 보고되고 있는데, 반면에 그 반도 채 안된 나이에 이미 메말라 버린 사람도 적지 않은 모양이다.

섹스에 대한 각종 앙케이트의 해답에서도 볼 수 있듯이 몇 년 동안이라도 참으로 섹스를 인생의 최고의 기쁨으로 느낀 일이 있다면, 그 귀중한 원천을 될 수 있는 한 생생히 길게 유지하는 일에 우리들은 좀더 마음을 쏟아도 좋으리라고 본다. 물욕(物慾)·명예욕(名譽慾)에 그처럼 추악하게 집착하는 사람들이 섹스에 대해서는 되는 대로 맡긴 채 만족하고 있는 듯이 보이는 것은 이상한 일이다.

끝 모를 물욕·명예욕에 비해서 섹스는 조심스럽다. 조그만 것으로 만족한다. 부딪쳐 가는 것이 아니라 서로 나누어 갖는 데에서 한층 더 기쁨을 맛본다. 섹스에 대해서는 인심이 후하다. 방출(放出)이며, 자기 자신을 주는 욕구이다. 상대에게 어디까지나 자연히 다정해진다. 섹스가 사나워지는 것은 무턱대고 억누르려고 하기 때문이다.

섹스를 하는데 상대방을 선택하기보다는, 일단 체면을 차려 보기는 하지만 사실은 무한히 융통성이 통하고 누구와도 쉽게 어울린다. 우연히 만났어도 어색해 하지는 않는다. 나의 고향 T시의 E신지(新地)에서 유행하고 있는 노래 〈오페모양〉의 가사를 바꿔서 하는 구절은 아니지만 '세 번 하면' 어떤 상대라도 금방 귀여워 못견디는 존재로 바뀌어 버린다. 섹스는 평화의 연금술사이다.

그렇지 않아도 즐거움이 사라지는 노년기이다. 섹스의 즐거움은 삶의 중요한 보람의 하나가 될 수 있는 것이라고 생각한다. 이

때 무엇보다도 꼭 있어야만 할 것은 이른 시점에서부터 앞을 내다
본 섹스의 설계이리라.

젊은 한 시기에 억지로 섹스의 욕망을 억누르도록 강제당하고
그것이 매우 힘들었던 기억으로 남아, 섹스를 어떻게 억제하여야
만 할 것인가가 문제라고 보통 생각하고 있다. 그러나 섹스는
오히려 어처구니없을 정도로 쇠약해지기 쉽다. 섹스 기능을 언제
까지나 싱싱하게 계속 기르는 쪽이 훨씬 어려운 일이 아닐까 싶
다. 일단 쇠약해진 체력, 근육력, 다리의 힘처럼 쇠약해진 성기도
쉽게 되살아나지 않기 때문이다.

♣ 섹스를 바꾸려면 우선 자신을 바꾸라

인간의 일생 동안 가능한 섹스 횟수는 정해져 있어 그 횟수를 다 써 버리면 뒤에는 불가능해져 버린다는 미신이 옛날에 있었는데, 그것이 지금까지도 살아 있어 청년들의 고민거리가 되고 있다면? 오나니(自慰)에 대한 위협이다.

나의 경우. 17~18살 무렵, 아니 그 뒤에도 매일 몇 번 오나니를 하지 않고는 견뎌내지 못했다. 한 달에 100번 이상, 1년이면 1,000번에서 1,500번이나 된다. 오나니, 그 자체가 해롭지 않다는 것은 믿었지만, 지나친 것인지 아닌지는 몰라서 마음이 완전히 편안할 수는 없었다. 그러나 이제 뒤돌아보건대, 그 시기의 그 횟수의 '놀이'는 나의 섹스를 단련하는데 크게 도움이 되었다고 믿고 있다.

적당한 운동으로 단련한 사람이 나이가 들어도 튼튼하고 건강하듯 젊을 때 무리 없이 단련한 섹스 또한 언제까지나 늠름함을 잃지 않는 것이라고 생각한다. 섹스로 몹시 지치는 것은 때때로 운동을 했을 때에 지치는 것과 같아 불규칙적으로, 더구나 드물게밖에는 기회가 없기 때문이 아닐까!

70살에 매일 섹스해도 지치지 않는 늠름함을 가진 경우, 이미 쇠약함을 느끼고 자기가 늙었음을 인정하지 않을 수 없게 된 사람들보다 틀림없이 자신(自信)을 가지고 의욕적 생활을 할 수 있을 것임이 분명하다. 나이 든 사람이 자신을 가지는 일은 그 밖에 좀더 다양해도 좋지만, 그 위에 섹스의 자신이 겹쳐지면 그것은 단순 명쾌하므로 그러한 사람의 인생은 단순 명쾌하게 즐거우리라고 생각된다.

나이와 함께 감퇴하는 것은 피할 수 없으므로 70 대에 이러한 상태를 유지하기 위해서는 50 대에는 그 이상으로 좀더, 30 대엔 보다 더 섹스에 적극적이어서 좋은 것이고, 시간과 에너지도 아끼지 말고 우선적으로 할애해야 하리라.

그러나, 그러기 위해서는 우선 첫째 섹스가 만네리즘에 빠지게 되는 것을 방지해야만 한다. 중년이나 보다 젊은 나이 때의 섹스는 매일이라도 많지 않다고 하는 처지에서, 한때의 바람은 흥분제는 될지언정 용량 부족으로 나이 든 뒤를 내다본 바람직한 기준을 충족시키는 데에 그다지 도움이 되지 않는다. 기본적으로는 일정한 상대에게서 대충 충족을 얻을 연구를 할 도리 밖에는 없다. 똑같은 상대와의 만네리즘에 빠진 섹스에서는 처음부터 의욕조차 솟지 않으리라.

섹스가 만네리즘에 빠지는 것은 자기 자신이 만네리즘에 빠져 있는 반영일 경우가 많다. 그 경우에는 상대를 바꾸어도 곧 다시 도로 아미타불이 되고 만다. 우선 자기를 바꾸는 일부터 시작할 필요가 있다.

♣ 섹스는 즐거울 뿐만 아니라, 참다운 이익도 있다

섹스는 즐거운 체조이다. 건강을 유지하는데 필요하다고 하는 운동량을 소화하기 위하여 많은 사람들이 애쓰고 있다. 섹스로 땀 흘리는 운동도 그 운동량에 포함시켜도 좋지 않을까.

섹스는 매일의 스트레스를 해소하고 신진대사를 촉진하는 빼어난 효과를 지니고 있다. 피부의 체온 조절작용을 강화시킨다. 감기에 들지 않게 되고 냉증이 낫는다.

고대 중국의 성서(性書)가 가르치듯, 억눌린 오르가즘에 의한 온몸의 긴장이 조용히 고조되는 것은 신경 구석구석까지 밴 피로를 흩날려 버린다. 여기저기의 응어리가 흥분이 가라앉음과 함께 사라지고 온몸이 곧 개운해지는 듯한 느낌이 들게 된다.

사실 섹스의 효용은 국소(局所)의 쾌락에만 그치지 않는다.

하루 얼마간의 시간인 부부의 커뮤니케이션은 아무리 바쁜 사정이 있더라도 전혀 없이는 살 수 없다. 섹스는 부부의 가장 친밀한 커뮤니케이션장(場)이 될 수 있다. 섹스를 할 때에는 그저 말없이 열심히 해야 한다는 규정은 없기 때문이다.

재미 없는 화제를 꺼낸다면 흥이 깨져 불능해지는 것은 틀림없다. 따라서 좋지 않은 이야기는 언제 들어도 흥이 깨짐에는 변함이 없다.

모처럼의 기회가 헛되게 된다면 큰 손해이므로 화가 날지도 모른다. 그러나 늘상 되풀이하는 일이라면 때로는 흥이 깨진다고 하더라도 다음 행위 때에 오히려 좋은 자극이 될 것이고, 그러는 동안에 익숙해져 태연히 들을 수 있게 된다.

무슨 일이 일어나더라도 정신의 안정을 흐트러뜨리지 않는 수양을 쌓아야 한다.

섹스에서 몸을 움직이면서 하는 사고(思考)는 머리의 활동이 활발해져 있을 때이므로 수확이 많다.

지속 시간이 길어지므로 어이없이 끝나 버렸다는 부족감을 느끼지도 않는다. 더구나 협조하는 분위기 속에서 이해를 하게 된다. 끝날 때까지 해결되지 않는 어려운 문제는 없다. 몇 분 동안의 성급한 섹스에서도 밀도가 약한 몇 시간의 대화보다 낫다.

나아가서 섹스는 인간을 적극적으로 만든다.

피를 서로 빠는 것이 서로의 맺어짐을 더욱 강화시킨다면 애액(愛液)을 서로 마시는 것도 연대를 깊게 하는 의식이다.

세계라는 이 넓은 사막에 다할 줄 모르는 정감을 서로 나누게 되는 동지가 적어도 한 사람은 있다.

그러나 요즈음 애액의 교환(交歡)이 그다지 진기하지 않게 되었다면 그 무게는 줄어들어 있을지 모른다. 생리적 배설수를 얼굴이나 몸에 서로 뿌리면 뜻밖의 따뜻함이 피부에 더할 수 없이 기분 좋게 느껴짐과 함께 일종의 정신적 현기를 느낄 수 있다.

조금은 입에 흘러들어가겠지만 짭짤할 뿐, 불쾌하지는 않고 아무런 해로움도 없다. 여자의 애액 속에는 참을 수 없어 찔끔하고 마는 생리수가 조금은 섞여 있다. 청탁(淸濁)이 소용돌이치는 어떤 흐름 속도 둘이서 뚫고 지나갈 수 있을 듯한 기분이 드높아진다.

새 애인은 새 책임을 짊어진다. 인간의 인간에 대한 책임은 무거울수록 좋다. 인간이 대지에 내리는 뿌리이기 때문이다. 필요가 인간을 현명하게 만든다면 책임은 인간을 강하게 만든다.

♣ 쾌락에의 터부를 풀라

어린 아이에게도 있는 성적 행동에 대하여 부모가 이해를 하지 않거나, 외면하려는 태도가 계속되는 한 어린 아이는 섹스를 좋지 않은 것이라고 믿고 자라나게 된다. 어린 아이의 마음에 깊이 스며든 그 인상은 어른이 되어도 쉽게 사라지지 않는다.

학교에서는 섹스가 종기처럼 취급된다. 남녀의 교제는 겉보기에 는 축복조차 받는다. 그러나 그것은 연인들을 보다 자세히 감시하 기 위하여서이며, 만일 성기가 스치게 되면 그 순간부터 천지 개벽의 큰 문제로 삼기 위해서인 것이다.

설득적인 이유는 무엇 하나 없는 강자의 일방적인 판정이므로 위하(威嚇)는 한층 더 무섭게 보이게 된다. 멀리하는 것이 상책인 위험한 것으로서, 섹스는 재학습되게 된다.

여기에 위생상의 조심이 겹친다. 성기가 배설 기관과 이웃하여 있다는 것은 자칫하면 섹스를 불결한 이미지로 오염시킨다. 나아 가 여자는 하필이면 피를 흘린다. 피는 인간에게 늘 특별한 효과 를 낳는다.

동물의 배설물의 경우는 연료나 주택벽의 재료로써, 화장품이나 약품으로써 그대로 여러 가지로 이용되어 왔다. 배설물을 먹는 관습을 지닌 부족이 없는 것도 아닌데 인간의 배설물만은 특히 꺼린다. 그것이 몸 안에 있을 때에 해를 미치지 않았으므로, 갑자 기 180도로 바뀌어 치명적인 해를 끼치리라고는 볼 수 없는데도 말이다.

하여튼 청결이 강조되고 교육이 엄해지면 배설기와 그 이웃 기관(器官)에 대한 심리적 저항을 앞으로도 한층 더해지지 않을까 여겨진다.

섹스를 중시하는 종교도 일부에는 있지만 일반적으로 기도와 쾌락을 사람들의 마음속에 양립시키지 않는다. 기도란 예사 수단 으로서는 손이 닿지 않는 초자연적 존재를 이 세상에서 자기가 견디내는 아픔으로써, 유리하게 움직이게 만들려는 행위이다. 단식, 불면, 금욕, 때로는 육체를 손상시켜서 말이다. 결핍과 긴장

속에서 인간은 가장 가까이 신을 느낀다. 이와 반대로 너무 행복하거나 즐겁거나 할 때에는 신의 질투를 받을 것만 같아서 차분할 수가 없다.

억제할 수 없었던 오나니에 대한 자책(自責)도, 섹스의 매혹에 대하여 의심을 풀게 만들지 않는다.

과학적으로 아무리 부정하여도 전시대의 섹스에 대한 터부가 우리에게 휘감겨 계속 위협해대는 것은 이러한 속 깊은 심정과 풀기 어려울 만큼 맺어져 있는 일이 많기 때문이다.

오늘날 행해지고 있는 것보다 훨씬 다양한 섹스의 시도가 먼 옛날에 이미 행하여지고 있었다. 온갖 체위, 오나니, 펠라치오, 크니링스 등은 가장 평범한 것이다. 그러나 오늘날에도 여전히 이러한 일에 대하여서조차 저항이 적지 않다는 말을 들을 때에는 그저 놀랄 수밖에 없다.

중년을 지난 여자 가운데에는 자기 성기에 직접 손을 댈 수 없어서 충분히 씻지 못해, 강한 냄새 때문에 자기 자신이나 섹스에 대한 혐오에 점점 빠져들어가는 사람이 많다고 한다. 애당초부터 오로지 그렇게 버릇들여졌기 때문인 모양이다. 남편은 김빠진 부인을 감싸고 있는 것이리라.

남자도 여자도 성기를 씻어두는 것이 보통의 에티켓인데, 취향은 가지가지이다. 프랑스에서 가장 인기 있는 왕의 한 사람인 앙리 4세는 그 냄새를 좋아하여 애인들을 찾아갈 때에는 미리 사자를 보내 며칠 전부터 씻지 못하게 했다고 한다.

요즈음 남자아이들에게는 없겠지만 여자아이들 가운데에는 오나니의 증가에 따라 그 해(害)에 신경질적으로 되어 있는 사람이 제법 있다고 들었다.

해롭기는 커녕, 장래의 성생활의 행복을 준비하는 확실하고 자연스러운 방법으로서, 신부수업 필수과목의 앞머리에 올려 앉혀야만 할 수 있는 것인지도 모르는데 말이다.

특히 그녀들은 성기의 변형을 두려워하고 있다. 성기의 발달이 두드러지는 시기와 겹쳐 있기 때문이지 오나니가 원인은 아니다. 고대 그리스에서 그랬던 것처럼 서로 보이면 곧 풀어지는 어처구니없는 헛고민인데, 그늘에 두어 둠으로써 곰팡이가 슬어 판치고 있는 것이다.

♣ 해외 여행을 이용해서 마음의 족쇄를 부수라

대번에 터부를 깨기란 여간 어렵지 않다. 이론상으로는 완전히 어처구니없는 일이라고 생각해도, 천만의 말씀이다. 우리들의 가장 속 깊은 곳을 억누르고 있어 마음대로 깰 수가 없다.

예를 들어, 성기나 성행위의 가장 통속적인 말을 입에 그대로 올리거나 쓰기가 쉽지 않다. 굳이 그러려 해도 눈에 보이지 않는 오랏줄로 꽁꽁 묶인 듯한, 쇠우리에 갇혀 있는 듯한 기묘한 구속감에 사로잡혀 버린다.

섹스를 즐기기 위해서는 솔직해져야만 한다. 마음에 갑옷을 입은 채 성기만을 접촉해도 수박 겉 핥기만의 싱거운 쾌락에 그쳐 버린다. 마음도 벌거숭이가 되어야 한다.

섹스가 한창인 중에도 인간은 고독하다고 탄식하던 일이 유행한 적이 있다. 자기 자신을 내던지지 않고서 탄식하는 것이다.

상심하게 되는 것을 두려워하면서도 상심하기 쉬운 상태를 오히려 자랑으로 알고 있었다. 상대방이 껍질을 벗지 않는 것을 자기가 껍질을 벗지 않는 핑계거리로 삼았다.

완전히 서로를 이해하는 면이 섹스에 전혀 없다고 해서 그 섹스가 굳이 공허하지는 않으리라.

내던져라, 그러면 받아들일 것이니라—이다. 좀 상심했다고 해서 곤란해질 만큼 고귀한 신분을 지니지 않은 자기를 하느님께 감사하자. 받아들인다, 받아들이지 않는다, 받아들여진다, 받아들여지지 않는다 등등보다 우선 자기 자신을 어디까지 무심하게 해방시킬 수 있는가가 선결문제이다.

성기(性器)나 성행위의 속된 말을 사람이 득시글거리는 데에서 큰소리로 말해 보면 참으로 기분이 상쾌하다.

안타까운 노릇이지만 국내에서는 아직 그럴 만한 배짱이 없다. 현재로서는 해외로 나갔을 때에만 맛볼 수 있는 즐거움이다. 술 기운을 빌어 걸으면서 외치는 것을 특기로 삼는 사람도 있다. 그러나 대낮에 맹숭맹숭한 상태로 남편이 외치면 아내가 따라 외치면서 이 터부를 깨고, 그와 동시에 마음을 조였던 온갖 족쇄를 폭파시켜 버리는 통쾌함에는 미치지 못한다.

그 의미를 이해하는 사람이 아무도 없는 곳이라면 사람이 북적대는 곳이라고 해도 무인지경에서 외치는 것과 다름이 없다고 한다면, 그것은 옳은 소리이다. 그러나 그렇다 해도 이 간단한 시도로써, 친한 사람들과는 무슨 말이든지 자연스럽게 할 수 있게 된다. 그때까지는 자기 자신에게조차 말이 얼어 버렸는데도 말이다.

해외 여행은 요즘엔 일부 사람만의 특전이 아니다. 해외 여행을 이용해도 좋을 것이다.

말이 나온 김에 하겠는데 여성과 동반으로 빠리를 지날 때에는 지하철의 플랫폼이나 전차 안에서, 또는 상젤리제 거리를 걸으면서 꼭 키스해 볼 일이다. 걸으면서 하는 키스는 간단한 것 같으면서도 좀 어렵다. 손을 잡고서라든가, 팔짱을 끼고서는 걸음폭이 맞지 않기 때문에 두 사람의 몸 움직임이 불안정하여 입술이 잘 맞아떨어지지 않는다. 그렇다고 해서 어깨를 안거나 껴안고서라면 걸을 수가 없게 된다. 남자가 여자의 등으로 팔을 돌려 겨드랑으로 손을 넣고, 여자는 남자의 등쪽으로 허리께를 안는 형태로, 서로의 웃몸을 고정시켜 두는 것이 이 경우의 요령이다.

같은 동포가 있어도 알고 있는 사람일 가능성은 우선 없고, 들켜도 여행중의 부끄러운 일에 지나지 않으니까 전혀 아무 일이 없는 것이나 마찬가지이다. 그럼에도 불구하고 투신자살을 서너 번이나 할 정도의 결심이 나에게는 필요했다.

천지 이변은 일어나지 않았다. 멈추어 서거나, 걸으면서 짧게, 길게, 온갖 키스를 했는데 눈길을 들 때마다 평화로운 사람들의 흐름만이 있었을 뿐이었다.

♣ 섹스를 즐기는 조건은 스스로 만들 수밖에 없다

섹스만큼 가까이 있는 것은 없으므로 섹스를 즐기고 싶다면 적당한 상대를 찾아내어 각자 각자 좋도록 즐기면 될 것같이 보인다. 필요한 안내서나 복음서는 거기에 많다.

그럼에도 바라는 대로 즐길 수가 없다면, 우리들을 내부에서 견제하고 있는 것 때문에 여전히 자기를 대담하게 내던질 수 없는 탓일 거라고 나는 여겨진다.

섹스에 관한 절대적으로 항거할 수 없는 터부, 권위 혹은 금지는 거의 없다시피 되어 있다. 내부의 오랏줄이 상상 이상으로 우리들을 지배하고 있는 데에 놀란다. 그것은 섹스의 장애가 될 뿐만 아니라, 때로는 우리들이 현실에 적응하는 것을 방해하고 인격의 분열을 일으키는 일조차 있다.

성감(性感)의 위력이 효과 있게 발휘되면 분명히 다시없이 강력하다. 고대 중국에서는 그것을 온갖 병의 치료에 이용해서 효과를 올렸었다.

현재 정신분석학의 한 파의 사람들은 우리 내부의 이즈러진 성채를 파괴하는 기폭제로 이것을 사용하려고 시도하고 있다.

그러나 애석하게도 악순환이 일어나고 있다. 관리사회(管理社會)는 인간의 규제를 차츰 강화하고 있다. 생활 전체를 옹색하고 따분하게 만들고 있다. 그 때문에 섹스의 뿌리는 메마르고 에너지는 자칫하면 부족해지게 되어 버렸다.

울분의 토로처, 도피의 장소로서 섹스를 계속 희롱하는 사람들도 있다. 섹스가 즐거운 표정을 짓지 않는 것도 무리가 아니다. 섹스 자체가 맥이 빠져 있는 데다가 이러한 무거운 짐을 짊어지워진다면 도저히 견딜 수가 없을 것이다.

섹스에 업히는 것이 아니라 섹스를 즐기는 조건을 만드는 것은 각자 스스로 짊어질 수밖에 없다.

낮에는 정숙한 여자, 밤에는 창부라는 남자에게 있어서의 여자의 이상상은 동서고금의 구별 없이 똑같은 모양이다.

그런데 사나이들은 그러한 여자를 찾지 못하는 것을 한탄하고, 가정을 위하여 정숙한 여자를 아내로 맞고 섹스는 창부들에게서 충족시켜 왔다. 가정에서는 밤낮으로 근엄한 태도를 짓고, 창부나 애인 앞에서는 확 풀어젖히고 지내는 이중생활을 해 왔다.

창부란 음탕하고 끊임없이 자기쪽에서 섹스를 요구해 마지않는 여자를 의미했다.

여자가 요구한다면 그에 응해 주지 않을 수 없다는 형태로 욕망을 충족시킬 수가 있다. 그러나 여자에게 자기쪽에서 스스로를 보이는 것은 바람직하지 못하다고 사나이들은 믿어 왔다. 일단 약점을 잡혀 버리면 이미 되돌이킬 수 없게 되는 것이다. 아닐까 하고 두려워했기 때문이다.

한 집안의 주인은 아내와 아이들과 고용인들에게 늘 위엄으로써 대하지 않으면 안된다고 정해져 있었다. 그 가운데에서도 아내는 가장 마음을 놓을 수 없는 존재였다.

한편 아내쪽도 평생 바보 취급당하고 지내는 장식품이었었다. 그런 장식품인 데다가 그 위에 밤에 음란한 면을 보인다면 남편의 기분 여하에 따라서는 엉뚱한 의심을 받아 낮 동안의 가치까지 위태롭게 만들 두려움이 있었다. 정숙한 여자로 지내면 신분은 일단 탈이 없다. 쓸데없는 위험을 범할 필요는 없었던 것이다.

같은 지붕 아래 살고 있어도 부부는 끊임없이 상대방이 어떻게 나오는가를 살피지 않으면 안되는 원수 사이 같은 존재였다.

소임 위에 편안히 앉아서 허세를 부리고 있는 한 가정은 남자에게 편안한 장소가 될 수는 없다. 이 상황은 현재도 기본적으로 변하지 않은 것은 아닐까!

♣ 벌거숭이 예찬

뽐내는 것은 뽐내는 인간을 꽁꽁 얽어맨다.

동물은 수컷이나 암컷이나 보다 강하거나 보다 아름다운 이성에게 우선 끌린다. 종족 개량을 위하여 자연이 준 본능인 모양이다.

생식을 위한 섹스에서는 즐거움이 주된 목적이 아니라 이성의 주의를 끌고 정액을 주입만 하면 되었으므로 뽐내는 것에도 의미가 있었다. 참다운 가치가 있는 것보다 뽐내는 쪽이 맥을 쓰는 일이 많은 것은 사실이다.

그러나 사기·뻔뻔스러움·사나움이 확대 재생산되게 되어, 인류는 모든 생물 가운데에서 가장 흉악해졌다는 설도 있다.

놀이로서의 섹스에서는 전 존재의 해방과 투입에 그 목적이 있으므로 뽐내는 것에 얽매어 자유로 행동할 수 없게 된다면 무엇을 위한 사랑의 승리인가 알 수 없게 되어 버린다.

허세 부리지 말고 약점을 모두 드러내어 보여야 하고, 더구나 다른 일보다도 생기 있고 흐뭇해야만 한다는 어려운 조건이 짊어지워지게 되었다.

그러나 앞으로 이러한 조심스럽고 알맹이가 있는 남자·여자가 늘어나고 그 자손들이 우세하여진다면 흉악해진 인류의 미래에 다시 희망을 품을 수 있게 될지 모른다.

여름, 곧 인간이 순진해지는 데에 가장 알맞은 벌거숭이 계절이 모처럼 찾아왔는데도 냉방을 하여서 스스로를 더욱 폐쇄시키기를 바라는 것은 이해하기가 어렵다.

온몸을 햇볕에 드러내는 누디스트 클럽이 일본에 없는 것은 참으로 애석한 일이다. 몸의 다른 부분과 함께 국소에도 햇빛을 듬뿍 받아 따끈따끈하게 덥혀지는 상쾌한 느낌을 말로는 표현하기가 어렵다. 여자들도 똑같다고 한다.

아파트의 맨 윗층에 산다면 베란다에서 할 수가 있다. 꼭 해보시라.

소위 우주에 꽉 찬 태양과의 끝 모르고 양(量) 모를 섹스는 우리들의 기우(氣宇)를 장대하게 만들어 준다.

자질구레한 마음의 방벽이 제거되어 탐색이나 타산이나 흥정으로 지새는 일들이 전혀 하찮게 여겨지게 된다.

자기의 완전한 해방과 충실함을 틀림없이 실감하려면, 어디까지나 유치해짐과 동시에 태연자약, 외설스러워짐과 동시에 진지함, 이러한 모순을 단호하게 실천해야만 한다.

하여튼 가능한 한 남편도 아내도 벌거숭이로 있도록 노력해야 한다.

옛날 이집트에서처럼 뺨이나 입술과 똑같이 유두(乳頭)에도 루즈를 칠한다. 성모(性毛)는 면도를 하여 형태를 갖춘다. 공기가 자기(磁氣)를 띠게 되어 농후해진다. 뒤는 자연(自然)이 이끄는대로 내맡긴다. 메마른 섹스는 굶주린, 사로잡힌 섹스다. 이런 의미에서 우리들의 섹스는 성(性)의 충동에 뿌리박고 있으면서도 그 제약에서 탈피하기를 끊임없이 원한다.

놀이의 기회가 있다는 것과 실제로 놀고 있는 것과의 사이에는 커다란 간격이 있다.

놀이에 우선 필요한 것은 편안한 기분, 즉 일상적인 실무(實務)의 세계를 초탈한 자유의 세계이다. 이것이 놀이의 연구를 하게끔 한다. 섹스 놀이에서도 마찬가지이다.

성의 자장(磁場)은 인간 활동의 모든 분야를 덮고 있다. 섹스에 활기가 차면서 생활이 활기차게 된다. 반대로 역시 진리에서 생활 전체를 놀이로 하는 들뜬 즐거움 속에서 섹스 또한 최고로 놀 수 있다고 말할 수 있게 될지 모른다.

대학 교수와 여대생

♣ 저격당한 중년의 사나이

최면요법을 한다는 명목으로 15살의 소녀에게 장난했다고 고발당해, 무죄를 증명하기 위하여 "이 원통한 한, 인정 때문에 사흘 늦추어지도다"라는 한 구절을 남기고 자살했다.

도시샤 대학(同志社大學)의 S교수의 애통한 사건에 잇따라서 내가 근무하는 대학에서도 H교수의 파렴치 사건이 일어났다.

사건이 신문에 난 다음날 아침, H교수는 병을 이유로 사표를 제출했다. 그러나 교수회에서는 수리하지 않고 지금 진상을 조사 중이다.

예상과는 달리 그 뒤의 발전은 별로 없었으며 피해를 입었다는 여학생 수도 줄어들었고, 피해 내용도 수정되어 무엇을 탄핵받았는지 흐리멍텅해져 가고 있다. '스킨십'의 테두리를 벗어났다고 지적당하여도 변명할 수 없는 행위가 있었던 것은 분명한 모양이며, H교수도 인정하고 있는데 강제 외설이나 폭행에 해당하는 행위는 아닌 모양이다.

스킨십을 벗어난다는 문제의 행위도 콘바와 같은 술자리에서 있었던 일인 것 같으며, 피해자들의 뚜렷한 거부에도 불구하고 강행했다는 증거는 없는 모양이다. 객관적으로는 대단한 일이 없었다는 견해가 유력하다.

그 뒤 불을 지른 M 신문을 빼고서 다른 신문들은 조용히 관망만 하고 있으며, 조사위원회의 정식 보고도 없기 때문에 진상은 아직 모른다.

스캔들이 일단 드러나면 한 사나이가 오랜 세월을 두고 쌓아올린 것이 모래성처럼 무너지고, 달리 아까운 이유가 있더라도 당사자는 사회적으로 매장되며, 그 일에 스스로가 납득할 수 없을 때에는 죽음으로써 항의할 수밖에 없어진다.

이미 하루키(春木) 사건을 비롯하여 적지 않은 전례가 있음에도 불구하고 비슷한 사건이 계속된다. 위험을 몰랐었을까, 만만히 보였을까, 불혹의 나이를 넘은 분별력마저 그들을 자제시킬 수는 없었던 것일까?

하루키 사건처럼 이번 사건에서도 음모가 있었다는 이야기가 나돈다. 비록 그렇다고 하더라도 함정에 빠진 것만은 사실이다. 그들은 왜 오얏나무 아래에서 갓끈을 맨 것일까?

갑자기 망녕이 들은 것이 아니라 저격당할 체질 같은 것이 중년의 사나이에게는 있는 것 같다. 일단 놀림을 받으면 도망칠 수 없다는 식의 공포감을 느낀다.

이번에 비난당하고 있는 것과 같은 음흉한 여대생에게 너나 할 것 없이 덤벼들지는 않겠지만, 문제는 노린 사람이 사건을 어떻게 만드는가에 있다고 본다. 이번 경우에도 16 년 전에 애인이 자살했다는 과거의 일까지 들추어 내어 H 교수가 여자에게 사지를 못쓴다는 증거로 삼았다. 사형에 해당하는 죄일지라도 15 년이면 시효가 끝나 기소되지 않는다. 이러한 옛 전과와 책임질 수 없는 소문을 집요하게 파고들어서 심판을 받는다면 견뎌 낼 도리가 없다.

일단 저격당한 뒤엔 어떤 변명도 받아들여지지 않는다면, 아직 검은 손길이 뻗치기 전에 그녀들과의 성적인 관계를 추궁당하는 일이 일어나기 전, 그 나름대로의 이유가 있다는 자기 해명을 선수를 쳐서 써 두어야 할 것이다.

♣ 중년의 섹스에 대한 오해

남자가 호색(好色)인 것은 청년·중년·노년 할 것 없이 모두 똑같지만, 중년 사나이의 집요한 마음이 특히 현저하다고 믿어지고 있다.

누구도 자진하여 부정하려 하지 않는 것은 이러한 세평이 옳기 때문이라기보다 중년 사나이들에게 바람직한 일이기 때문이리라.

현대처럼 만사가 위선으로 치장되지 않았던 시대에는 호색이 결코 악덕은 아니었다. 세상의 가련함을 아는 사람으로 존경받기까지 했다. 중년 사나이들의 호색에 대한 선입관은 말없이 서로 뜻이 통하는 이점이 있었다.

그러나 이제는 반대로 작용한다. 온 국민이 발정(發情)하는 상황 아래에서 중년 사나이가 특히 호색하다는 소문은, 법에 어긋나는 행위까지도 할 정도의 것이라고 사람들에게 생각되도록 만드는 모양이다.

중년 사나이들의 스캔들이 드러나면, 이러한 편견 때문에 이내 보통사람들이 하지 않는 비난 받을 짓을 한 것으로 간주되고 만다.

틀림없이 불혹의 중년 사나이들도 자기 자신을 잃어버릴 때가 있다. 지나친 행동이 일어나지 않으리라고 보증할 수는 없다. 그러나 상대방이 전혀 바라지 않는데도 폭력을 사용하면서까지 욕망을 채우는 일이, 중년 사나이가 별로 좋아하지 않는다는 것만은 단언할 수 있다.

중년 사나이는 지위는 어느 정도 있고 수입도 있다. 가족들도 중히 여긴다. 섹스에 굶주리지도 않는다. 이미 몇 사람의 여자와 경험도 있다. 설득하다가 거절당해도 다른 여자를 찾아낼 자신도 있다. 여자는 얼마든지 있다. 아무리 매력적이라고 해도 특정 여인에게 매달려 있어야 할 이유도 없다.

또 몸의 톱니바퀴도 분망한 섹스에는 맞아돌아가지 않는다. 민첩함이 없는 데다가 젊을 때에는 자기가 분비한 것을 상대방에게 주입하는 것만으로 감동했지만, 이제는 구석구석까지 맛보지 않으면 만족하지 못한다.

천천히 즐길 수 있는 분위기가 없다면 중년의 성기는 발기하지 않는다. 중년의 호색이 이 집요함 때문에 두드러지겠지만, 이것이 결코 불법은 아니다.

시간만 있으면 어떤 여자라도 설득할 수 있다고 중년 사나이들은 생각하고 있다. 어떤 여자에게서라도 바라는 효과를 거둘 수 있다고 자만하고 있다. 사실상 풍부한 경험, 지식, 화제에다가 호화로운 식사, 선물이 덧붙여지고, 나아가서 여자를 다루는 법에도 익숙해져 있으므로 성공이 그다지 어렵지는 않다.

중년이 기교적이라는 것은 손가락이나 혀의 사용법이 그렇다는 것뿐만 아니라 감정이나 감각을 포함한 상대방 전체를 자기가 생각하는 대로 끌고 가려는 점에서 그렇다.

이런 점에서 중년 사나이의 호색(好色)은 중년의 오만함이기도 하다. 신바람이 나면 상대방이 자기 속을 알아준다고 착각하여 갑자기 끌어안으려 하거나 복수의 여자에게 동시에 손을 내밀거나 하는 일조차 일어난다. 죄가 되지 않는 격한 행위에 지나지 않을 뿐인데, 놀림을 받는 것은 이러할 때이리라. 그러나 어림짐작이 어긋나서 상대방이 그런 기분이 되어 주지 않는다면 비참하다. 불능에 빠지게 된다. 바라건대 특별한 감정이라도 품고 있는 듯이 보이기만이라도 해주었으면 좋겠다.

창피스러움을 무릅쓰고 중년 사나이들이 대만 등으로 잇따라 나가는 것은 상대방의 기분을 잘 맞추어 주는 그 나라 여자들의 연기를 잊지 못해서라고 한다. 중년 사나이들을 위하여 마음까지 주는 척하는 매춘부가 요즈음에는 빠리에도 있다고 한다.

그들(중년)은 오만스러워지기 쉽지만 동시에 상심하기도 쉽다. 동의뿐만 아니라 협력 없이도 소용없어지는 것이 그들의 섹스이다.

♣ 친밀화는 피할 수 없다

대학 교수 대부분은 이 기교파 중년 사나이다.

학생들이 생각하고 있는 것은 거의 손에 잡고 있는 듯이 환히 알고 있다. 그것은 그다지 어려운 일이 아니다. 모두들 비슷하기 때문이다.

칭찬을 받고 싶어하든가, 인정받고 격려받고 싶어하든가, 위로 받고 싶어하든가이다.

달리 특별한 지장이 없는 한 그렇게 해주어서 안될 이유는 없 다. 칭찬해 주는 것은 교육하는 마당에서는 특히 중요한 일이다. 더구나 요즈음 학생들이 가장 굶주리고 있는 일이다.

편차치(偏差値)와 금지(禁止)투성이 규칙에 꽁꽁 얽매어 자란 결과로 그들은 열등감과 불안으로 무너지기 직전 단계에 이르러 있다. 그럴 때 그들을 지금까지 못살게 굴어 온 사람들보다 위태 하다고 세상에서 인정하는 어른이 진심으로 칭찬해 주고 격려해 주는 것이다. 감사와 믿음의 마음이 그들에게 싹트지 않으면 인간 이라고 할 수 없다.

차츰 미묘한 문제가 일어나게 된다. 그들은 수많은 꿈을 품고 대학에 들어온다. 섹스에 대한 호기심도 그것에 포함된다. 한때 남녀의 교류가 성대하게 행하여지고 수많은 커플이 생겨난다. 그러나 뒤처지는 사람들도 나타난다. 얌전한 모범생 타입에 그러 한 사람이 많다.

머리가 좋으므로 섹스에 대한 관심도 강하다. 지적(知的) 호기 심과 성적(性的) 호기심은 밀접하게 맺어져 있다. 다른 한편 종순 하므로 억압도 강하다. 자아(自我)의 분열이 일어난다.

모든 점에서 호감이 가는 그녀들이 어두운 표정을 짓고 있는 것을 보면 꼭 힘이 되어 주고 싶다.

그녀들은 쓸쓸해 하고 있다. 이해하여 주는 이야기 상대를 아쉬워하고 있다. 그 정도의 상대가 되어 주기란 어렵지 않다.

그녀들이 만족해 할지 어떨지는 모르지만 하여튼 열심히 그녀들의 의논 상대가 되어 주게 된다.

그녀들은 정말 자기 자신처럼 자기를 이해해 주는 사람인가 아닌가를 조심스럽게 깊이 살피고 난 뒤에 가끔 오나니에 대한 번뇌를 털어놓게 된다.

마음에 이미 '오나니'의 무거운 짐이 들어앉아 있으면 이성 접근이 쉽지 않게 된다.

1882년 프랑스 의학 전문 잡지 《뇌(腦)》에 발표된, 두 자매의 중증(重症) 오나니를 고치기 위하여 최후로 빨갛게 달은 쇠인두로 그 어린 클리토리스를 지졌다는 의사의 보고가 요즘 빠리에서 화제가 되고 있다.

의사는 자매가 비정상이라는 점을 오로지 강조한다. 그러나 과연 비정상인 자는 자매인가 의사인가? 지금 이와 비슷한 일이 일어나고 있는 것은 아닐까, 하고 그 잡지는 심각한 반성을 우리들에게 강요하고 있다.

오나니는 해로운 일도 아니고 부끄러워할 일도 아니다. 하지 않는 쪽이 오히려 이상하다고 말할 수조차 있을지 모른다. 자신(自信)을 되찾은 그녀들은 그 뒤 정기적으로 이야기하러 나타나게 된다.

즐거움을 보는 것은 즐겁다. 공부나 독서에 대한 조언(助言)을 구한 뒤 연인과 나눈 키스 이야기를 하고 돌아가기도 한다.

졸업한 몇 년 뒤 곧잘 어린 아기 사진이 우송되어 오기도 한다. 모르는 사람이 보면 이상한 오해를 할지 모르겠다고 얼마쯤 당혹하여 어이가 없어지지만 싫은 기분은 아니다.

♣ 환상의 규중 처녀

학원 분쟁이 한창일 때 대학 교수는 안전한 곳에서만 번지르르한 말을 하는 사기꾼, 위선과 기만의 덩어리라고 선고받았고, 그들처럼 경멸할 만한 존재는 없다고 간주되었다.

교수에게 존경심을 품는 학생은 거의 없었다. 학생들은 바리케이드 안에서 순수한 자들끼리 심신일체(心身一體)의 섹스를 했다.

그러나 그 뒤 학생들은 더욱 대량으로 계속 늘어났고 경쟁은 격화하여 연대(連帶)는 무너졌다. 학생들은 그만큼 타산적이 되고, 불순해지고 결국 교수들과 같아졌다. 그래서 대학 위계제도가 다시 살아났다. 교수들은 최상위로 복귀했다. '선배'라는 정체가 아리송한 랭크까지 늘어났기 때문에 교수들은 구름 위로 받들어 올려져 이번에는 망령처럼 위하여지고 있다. 곧 육체나 성기를 가지지 않은 사람처럼 생각하는 모양이다.

교수가 살아 있는 인간임을 발견하였을 때에는 앞에서 말했듯 스캔들로 만들어 버린다.

교수들은 학생의 손이 미치지 않는 존재라고 단정되고 있다. 다른 한편 남학생들은 믿음직스럽지 못하다 하여 경시하고 있다. 그래서 고매한 이상은, 교수에게서 섹스는 가까이에 있는 남자

친구에게서 구한다는 영혼과 육체 분리의 기묘한 성 풍속이 유행하고 있다.

여학생은 규방 처녀가 아니다.

세상이 기대하고 있는 대학 이미지는 수도원인 듯하다. 그러나 학생들에게는 젊은이의 사랑방일 뿐이다. 강의실에는 오지 않고 서클실에서 하루의 태반을 보내는 학생들이 남녀 불문하고 꽤 많다.

학생들은 친구 사귀기에 열심이므로 마음만 먹는다면 교제 상대를 곧 얻을 수 있다. 그 밖에 여러 가지 명목의 친목회가 있고 합숙 여행이 있다. 사랑방과 다른 것은 사랑방의 관리자가 없다는 것뿐이다. 자치(自治), 즉 방임되고 있다.

소위 숫처녀가 몇 명이나 있는지, 정식으로 조사하지 않았으므로 순전히 추측일 뿐이지만 졸업 무렵이 되면 그다지 많이 남아 있지는 않으리라.

존경받는 것은 기쁘지만 그것이 신주 받들 듯 하는 것이라면 기뻐하고 있을 수만은 없다. 모든 신격화(神格化)는 위험한 방향으로 나아가기 쉽기 때문이다.

대학 교수도 인간이어서 과오를 범할 수 있다. 그런데도 그 과오가 '권위'라는 이름에 묶여서 비판도 시정(是正)도 되지 않을 때 그 해악은 막을 수 없이 커진다. 분쟁 때에 지적당한 이 위험이 아직 극복되지 않고 있다.

한 발짝 헛디디면 인류와 지구의 파멸을 부를지 모를 연구도 대학에서 행하여지고 있다. 진리(眞理)를 굽히고 세상에 아첨하는 '데마고그'들도 많다. 필요할 때에는 언제나 비판할 수 있는 자리에 대학 교수를 잡아매 두어야 한다.

학문은 존경받아야 하지만 학자는 우상화되어서는 안된다. 영혼과 육체가 분리된 섹스는 이 원칙을 위태롭게 한다.

섹스와 배설은 만인이 똑같이 가진 것이다. 섹스와 배설이 만인 공통임을 나타내는 것은 인간 연대에 대한 의무라고 생각한다. 그런데 그것을 숨겨 온 테에서 특권과 차별이 생겨났다. 우상화와 싸우기 위하여서는 오히려 여학생과의 섹스도 공공연히 긍정하는 것이 올바르지 않을까 여겨진다.

♣ 전 인류적 교류는 그녀들에게도 플러스다

작년 빠리에서, 소녀 매춘이 반드시 악이 아니라는 주장을 들었다.

매춘의 첫 동기는 돈을 벌기 위해서였지만 소녀들 대부분이 어른들과 이야기하는 것이 무척 즐거워서 나중에는 그 매력쪽이 주였다고 이야기했다는 것이다.

얼마 전까지 여러 세대의 남녀가 대가족 안에서 함께 살고 있었다. 아니면 같은 지역에서 교류가 있었다. 지금은 그러한 기회가 거의 없다. 부모형제, 친구들이 이야기 상대로 있을 뿐이다.

형제나 친구들이 가지고 있는 화제는 한정되어 있어 늘 똑같다. 부모는 바빠서 아이들의 요구를 충족시킬 만큼 그들의 상대가 되어 줄 수 없다. 스승은 무사주의 만네리즘에 빠져 있다. 머리가 영리하고 조숙한 여자아이들은 따분해진다.

친구들과 놀 돈이 아쉬워서 매춘했는데, 어른들은 친절하고, 여러 가지 이야기를 해주었으며, 무엇이든지 가르쳐 주었고 섹스도 무척 즐거웠다고 한다. 그녀들은 사회교육 기회에 굶주리고 있었던 것이다.

자리를 잇기 위하여 친구들과 달리 할 일이 없기 때문에 섹스를 하는 것인데, 그것은 타성적이고 사무적이어서 사실상은 싫증이 나 있다. 그래서 술과 담배가 필요해지고 돈이 필요해진다. 그것이 비행(非行)의 확대로 이어진다. 그녀들은 비행하기 위하여 비행을 저지른 것이 아니다.

시간을 효과 있게 쓸 줄 몰라서 애태우고 있었던 것이다.

이렇듯 비행을 저지르게 하는 바탕을 방치해 둔 채 그저 소녀

매춘을 단죄하여 처리해 버리기만 한다면, 그녀들을 구제할 수가 없다고 논자(論者)들은 호소한다.

돈인가, 교양인가, 소녀들의 본심이 의심스러운 바도 있지만, 소녀들이 어른과 접근할 기회가 매춘에서만 찾아볼 수 있다는 현상은 개선할 여지가 있다는 문제 제기가 가능하게 한다.

이제보다 넓은 견지에서도, 산 전인적(全人的) 교류의 교육장을 창조하는 일은 급선무이다.

젊은이 사랑방에서는 섹스를 포함한 인생 전체의 문제를 이야기했다. 대학 서클이 그 기능을 이어받으려 하고 있지만 모르는 자와 모르는 자뿐이어서 아무리 논의해도 만족스러운 결과가 나오지 않는다.

지적(知的) 레벨이 높은 여학생을 오래 잡아 둘 수는 없다. 옛 사랑방에서는 진보가 없는 좁은 지식만에 의지하여 젊은이들끼리 매일 똑같은 화제를 놓고 똑같은 말만을 되풀이한 것은 아니다. 사랑방에 모이는 젊은이들 가운데에는 연령의 차이도 있었고, 마을 어른도 끼어들어 경험에 의한 다양한 지식을 공급하고 있었다.

서클에서 만족할 수 없는 여학생들은 가정교사로 있는 집의 학생 아버지나, 아르바이트 나가는 다방이나 레스토랑의 경영자, 손님들에게서 그러한 인생 지식을 얻으려 하게 된다.

비밀 전수의 형식을 띠기 때문에 나오는 대로 떠드는 방언(放言)도 가치가 있는 것처럼 보인다. 유혹에 끌려, 그녀들은 바나 호텔에 따라간다. 후회하게 되는 데도 말이다.

♣ 차린 상은 먹어야 한다

여학생을 유혹하기란 쉽다.

대학 교수가 그녀들을 자기 것으로 하려면 학점이나 취직을 미끼로 삼든가, 연구실 같은 곳에 끌어들여 도망칠 수 없게 하여 엄습한다고 생각하는 것은 포르노 소설을 너무 읽은 자의 망상에 지나지 않는 억측이다. 늘 얼굴을 대하고 있고, 이미 마음을 충분히 알게 된 사이인데 그러한 흥이 깨질 짓을 할 필요는 없다.

교수를 대할 때, 그녀들은 처음부터 반 최면술에 걸린 상태가 되어 있다. 신뢰하여 귀염받고 싶어한다. 교수가 하는 말을 의심하는 것은 상상조차 할 수 없다. 무슨 말을 들어도 감탄하고, 충실하게 따르려 한다. 이러한 존경심을 연심(戀心)으로 바꾸는 것처럼 쉬운 일은 없다.

그럼에도 굳이 그녀들을 유혹하지 않는 것은 솔직하게 말해서 뒷처리에 곤란해지기 때문이리라. 성인 여자와의 교제에서는 상대방에게 맡겨 두면 되지만, 그녀들의 경우에는 모든 것을 보살펴 주지 않으면 안된다. 그녀들은 곧 심한 정서 불안에 떨어져 자기를 억제할 수 없어져서 무슨 짓을 할지 모른다. 너무 손이 간다. 주저하게 되지 않을 수 없다.

그러나 가끔 그러고만 있을 수 없어질 때가 있다.

그녀들은 규중 처녀는 아니지만 세상을 모르는 것만은 분명하다. 사모의 정이 깊어지면 대담해진다. '남자로서' 사랑하고 있다고 갑자기 말하는 아이가 있다.

'남자로서'라는 말은 함께 잠자리를 가져도 좋다는 말이냐고 묻는다. 그렇다는 것이다. 눈길조차 내려깔지 않는다. 처녀라고 한다.

"차린 상을 먹지 않는 것은 사나이의 수치"라는 말이 있지만 무리함을 파고드는 흉내를 낼 수는 없다. 감상한 뒤에 왜 그러한 생각을 하게 되었느냐고 묻는다. 말을 붙일 핑계를 찾기 위해서였다는 대답이다. 이쪽에서 노린 점인데 이 경우, 그녀로서는 그 정도 밖에는 대답할 수 없으리라. 이 대답으로 긴박했고 전개는 우선 회피할 수 있다. 언제든지 사양 말고 의논하러 오라는 결론이 나서 이 자리는 수습된다.

그러나 그녀가 그 이상의 어떤 것을 기대한 것도 사실인 듯하다. 그녀는 거절당했다고 생각한다.

느낌이 똑같은 사람을 만나서 차를 마셨다든가, 단체 여행 때 함께 간 여행사 직원하고 프랑스 문학에 대하여 이야기했다든가, 하는 말을 듣게 된다. 위험하다고 생각한다. 조심시키지만 그녀의 귀에 들어가지 않는다.

이윽고 집이나 직장을 찾아간다. 차분하게 있을 수 있는 장소라고 하여 호텔로 끌려 간다. 약속과는 달리 상대방 태도가 변한다. 화가 남과 함께 큰 책임감을 느끼지 않을 수 없다. 앞으로는 결코 피하지 않겠다고 마음속으로 맹세한다. 순교자가 된 기분이다.

호텔에 끌려 가서 아무 일도 없이 넘긴다는 것은 있을 수 없는 일이다. 그렇게 되고 말리라고 생각하는 것이 상식이라는 것은 알고 있다.

그러나 그것은 이쪽이 틈이 있을 때라고 그녀는 생각한다. 막상 일을 당할 때가 되면 발버둥치며 반항할 수 있다고 만만히 생각한다. 자기 집이나 정상적인 호텔 방일 경우, 그 구조와 상대방의 몸매를 보고 그렇게 생각하는 것이다.

그러나 '러브 호텔'의 방은 복잡하게 꾸며져 있다. 일이 닥쳤을 때 어디로 도망쳐야 좋을지 모른다. 또 상대방이 언제나 페어플레이로 덮쳐 오는 것이 아니다. 뺨을 얻어맞으면 그 순간 예측이 빗나가 버린다. 몸 전체가 굳어져서 손발이 얼어 버린다.

뺨을 맞아도 죽지는 않을 것이고, 맞았다고 해서 상처 자국이 남는 것도 아니다. "이럴 때 체념해 버려서는 안된다"고, 몸을 지키는 데 대하여 모든 책에 쓰여 있다. 그러나 매를 맞지 않고 자란 요즘 여자들이 그 충고를 지키기란 참으로 어려운 모양이다.

대학교수를 상대할 경우를 빼고, 이럴 때에 여자들은 별 수 없이 꺾이게 된다. 그런데 일본에서 한 발짝이라도 외국으로 나가면 대학 교수를 상대로 해서라도 이겨 내기란 꿈조차 못 꾼다. 저항의 명백한 증거를 요구당하기 때문이다.

♣ 섹스를 무엇과 교환하는가

당당한 성인인 한 여자가 농락당했다고 세상에 하소연하여 대체 무엇을 문제 삼으려는 것인지 이해하기 어렵다는 것이 H 교수의 사건을 들었을 때의 내 첫 감상이다.

몸을 어루만지거나, 키스하거나 한 것이 좋지 않다고 한다. 싫다면 밀쳐 버리면 끝나는 일이 아닌가.

취직이나 학점에 대하여 말을 꺼냈기 때문에 그럴 수가 없었던 듯이 신문에는 쓰여 있었다. 만약 그것이 사실이라면 그런 얘기를 꺼낸 사람도 비열하지만, 거부할 수가 없었다고 하는 여자쪽도 너무 얼빠졌다고 나는 강의실에서 단언했다.

참말로 소중한 것이라면 목숨을 걸고서라도 지켜야 한다. 당장 그렇게 하는 여자들이 현재 많다. 취직이나 학점을 불리하게 준다는 것이 치명적은 아니다. 그 정도는 무시해 넘기지 못하고, 앞날에는 더 어려운 상황이 닥치리라고 예상되는데 어떻게 정조를 지켜갈 것인가.

이 조건은 남자들에게도 마찬가지다. 활동가들은 승진을 체념하고, 더러는 목을 걸고 싸우기도 한다. 자기의 연약함이 원인인데에도 피해를 과장한 그럴 듯한 핑계로 속임수를 쓰지 말았으면 좋겠다.

자기만이 피해자라고 한 사람 한 사람이 생각하고 있었기 때문에 참아 넘기려고 했지만, 모든 사람이 당했다는 것을 알고 드디어 단결하여서 H 교수의 추방에 궐기했다고 그 경과와 목적을 설명하고 있다.

그럴 듯하긴 하지만 앞뒤가 맞지 않는 것을 나는 느꼈다.

'스킨십'을 거부하여, 미움을 받아 왔지만 동지가 있는 것을 알고 단호하게 규탄에 나섰다면 이해할 수 있다. 학생들에게 잃는 것은 없다.

그러나 학점이나 취직 때문에 참기 어려운 것을 참고 있었다면 H 교수를 추방하여 얻을 것이라고는 없다. 다른 교수가 대신 봐주리라는 보증이 없다. 소문이 나면 피해자라고 주장하는 여학생들은 본토 출신이고 좁은 고장이므로 결혼에조차 지장이 있게 된다. 그때까지 애써 참고 숨겨 온 것은 무엇을 위해서였단 말인가.

알뜰한 현실주의에서 손해 이득을 무시한 영웅주의로 돌아서 버린다. 그렇게 간단히 뒤바뀔 일이 아니라고 나에게는 생각되었다.

그런 일이 있었는가, 하고 여기에 내기는 하였지만, 모두들 참말인가 거짓인가 보증할 수 없는 소문인데, 그 뒤의 정보로는 당사자인 여학생들은 이런 소동이 벌어지게 되리라고는 전혀 생각조차 하지 않았었다 한다.

H 교수는 유능하고 학생들을 열심히 보살피고 하여 사직시킬 마음은 없었고, 다만 장난만 중지해 주었으면 좋았다는 것이었다. 빨강 교수이든 핑크 교수이든 유능하고 취직이나 실험을 열심히 보살펴 주는 교수는 좋은 교수인 것이다.

H 교수에게 항의하며 앞으로는 하지 않겠다는 약속을 받아 그것을 몰래 녹음하여, 지키지 않을 때에 대비하려 했었다. 이 테이프가 의도와 달리 증거물이기를 바랐던 X 교수에 의해서 신문사에 흘러들어간 모양이다.

그녀들은 당혹하였고 이용당했다는 인상을 품고 세상에 대한 불신을 더욱 가지게 되었다는 것이다. 이 설명이 가장 진실에 가까운 것 같다.

테이프에 녹음한 것은 X 교수가 지혜를 주어서였다는 말도 있다. X 교수의 생각을 놓고 추리가 추리를 낳고 있다. 그러나 그 뒤는 다른 로맨스의 분야에 속한다. 아름다운 로맨스가 아니라 음험하고 더러운 로맨스이다. 어둠 속에서 꿈틀대는 섹스 버러지들의……

섹스의 남녀 불평등

♣ 서로 억제하느냐, 서로 관용하느냐

"당신이 바람 피우면 나도 바람 피우겠다"고 아내는 말한다. 부인들이 정해 놓고 하는 말이다.

솔직하게 말해서 아내가 바람 피우는 것은 참기 어려운 일이다. 다른 남자에게 안겨 있는 아내를 상상하면 가슴속이 메슥해지며 토할 것만 같아진다. 그렇다고 해서 사나이들만이 바람 피워도 좋다고 설득할 만한 이유를 찾아낼 수는 없다.

그러나 나에게는 섹스 모험도 거절하기 힘들다. 신선한 관능(官能)의 아낌없는 제공, 고립감의 해소, 자존심의 만족, 미지의 세계와의 만남, 섹스의 모험은 이러한 것을 한꺼번에 안겨 준다. 모든 매혹적인 것에의 동경은 나의 병이라기보다는 업(業)과 같은 것이다. 대가를 지불하는 대상에 대한 씁쓰름함이 나를 계속 신음하게 만들어도 나를 단념하게는 하지 못한다.

인생은 한번 뿐이다. 무사하기보다는 가능성을 헛되게 하지 않는 편이 나에게는 바람직스럽다. 서둘러 선택하지 않아도 금욕은 죽음과 함께 필연적으로 온다. 놀람, 긴장, 감동, 도취야말로 살아 있다는 증거다. 섹스에만 집착하는 것이 아니다. 섹스만을 피해야만 할 이유를 나는 알 수 없다.

여성 성기의 점막에는 인종에 관계없이 장미빛과 갈색의 두 종류가 있고, 흑인 가운데에는 특히 선명한 장미빛 여자가 있다고 한다. 나는 광물(鑛物)도 좋아한다. 생각지도 않은 가까운 곳에서 그러한 희귀한 여자와의 만남은 좀처럼 없는 환영에 가까운, 장미빛 석영(石英)의 아름다운 결정(結晶)을, 예를 들어 에오스포라이드 돌을 흑다색 바늘 섶 속에서 발견하는 것과 같은 감격이 아닐까!

아름다움에 기울어지는 마음을 죽이면 다른 여자에게 이끌리지는 않으리라. 그러나 동시에 아내에 대한 관심도 잃게 된다. 뿌리가 같기 때문이다. 따분하고 싱거운 인생이 된다.

"알았어. 바람 피우고 싶으면 바람 피우라구. 여자에게도 평등한 권리는 있으니까."

사나이가 배짱을 정했을 때 이번에는 여자가 망설이게 된다. 집안 일을 남편에게 분담시키고 외출 자유를 얻었다 해도 만족할 수 있는 애인을 당장 만날 수 있는 것이 아니다.

남편이 다른 여자에게 가서 아내가 화가 나 있을 때에는 당장 도움이 될 수 없다. 오다가다 만난 매력이 없는 상대와는 복수는 될 수 있을지언정 즐거울 수는 없다.

같은 행위라도 좋은 상대와 하면 기쁨이 되고, 마음 내키지 않는 상대와 하면 고문이 된다. 쉽게 허락할 수 없는 것을, 허락할 만한 가치가 있다고 여겨지는 상대에게 허락함으로써 비로소 섹스는 기뻐진다. 그럴 때 연인들의 추억은 멋진 사람을 그만큼 많이 만났다는 훈장이 된다. 그러나 내키지 않는 자포자기형 섹스는 비참한 각인(刻印)에 지나지 않는다.

젊다면 탐내는 사람도 있어, 그런대로 기회는 있다. 중년 이상이 되면 조건이 몹시 나빠진다.

그러므로 중년 이상의 부부라면 여자가 상당히 대담해져야만 서로간의 해방이 그대로 평등의 실현으로 이어질 수 있다는 것을 알아 두어야 한다.

역시 서로 억제하는 편이 좋다는 의견이 새삼 되살아난다. 그러나 이것은 자기가 할 수 없는 일을 상대편에게도 허락하지 않는 이기(利己)에 지나지 않는다.

그렇다고 해서 여자에게만 가혹한 것은 아니다. 남자가 언제나 환영받으란 법은 없다. 단순히 환영받는 것만이 문제라면 목표를 낮추고 조건을 쉽게 붙이기만 하면 된다. 그러나 그래서는 만족할 수 없다. 섹스 모험이 즐거운 것은, 요컨대 얻기 어려운 것을 쫓아 우주(宇宙)를 확대하는 데 있기 때문이다.

금전에 의한 유혹, 처한 처지에 의한 유혹, 통속적 조건을 감추고서의 유혹, 이러한 손쉬운 수단에 대한 거부가 섹스 유희자가 스스로에게 부과시켜야 할 조건이다. 또 참으로 열중할 만한 값어치가 있는 좋은 여성은 그러한 조건의 극복으로서만 구할 수가 있다. 그러므로 성공 못하는 경우가 많다.

자기가 진심으로 만족할 수 있는 애인을 얻어서 의기양양할 때에도 아내가 바람 피우는 것을 용서하리라는 보장은 없다. 자기가 뜻을 이루지 못하고 아내만이 신나게 바람 피우는 것을 보고 있을 수밖에 없는 경우도 있다. 돈으로 산 여자이거나, 한때의 흥미로 맺어진 여자와의 섹스로서는 그 분함을 달랠 수 없으리라. 괴롭게 된다. 그것을 견딜 자신이 없는 사람은 되돌아서는 편이 좋다.

그러나 이 쓰라림은 사나이들이 오늘날까지 여자들에게 일방적으로 강요해 온 쓰라림이다. 여자들은 참고 견뎌 왔다.

인간에게는 참는 힘이 주어져 있다. 사나이들이 바람 피우는 일을 단념할 수 없는 것이 현실이라면 지금 우리들의 인내의 한계를 더듬어 보는 것도 무의미하지는 않으리라.

♣ 제멋대로인 질투

남의 부인이나 연인과 맺어질 때 그 사랑이 소위 홀딱 빠진 정도라고 해도 별로 괴로워하지 않으며, 질투는 커녕 득을 본 것처럼까지도 생각한다. 자기가 보다 더 큰 사랑을 받고 있다고 생각할 때 심한 질투를 느끼게 된다.

모든 면에서 보살펴 줄 생각도 없는 주제에, 그녀들이 남편과 함께 있다는 것만으로 괜히 괴로워한다. 질투란 소유한다는 것의 사치가 아닐까. 자기 것이 아니었을 때에는 냄새를 맡는 것만으로 정신 없이 꼬리를 흔들어댔었는데 일단 자기 것이라고 알게 된 고깃점에는 주인이 손을 내밀어도 깨물려는 개와 비슷하다.

남편이든 아내든 늘 상대방을 남의 것이라고 생각하고 있을 때에는 상대편이 다른 사람과 잠자리를 같이하더라도 별도리 없는 일이라고 체념하며, 그런 상황임에도 불구하고 보여 주는 그의 사랑을 고맙게 받아들이고 즐길 수가 있다.

자유로운 인간을 독점하고 지배하는 것은 본디 무리한 일이다. 고양이일지라도 그렇게 녹녹히 이쪽 마음대로 되지는 않는다. 배우자가 절대로 바람 피우지 않음을 바란다면, 결코 바람 피울 염려가 없는 상대, 곧 누구나가 좋아하지 않을, 볼 만한 구석이라고는 전혀 없는 상대와 결혼하면 된다.

남편이 바람 피운다는 것이 세상에 알려지면 온 세상에 그 이상의 불행은 없는 것처럼 아내가 떠들어대는 것이 일반적인 관례가 되어 있는 듯하다. 그 결벽한 아내들은 남편이 대만 등으로 여자를 사서 즐기러 여행 떠나는 것을 너그럽게 보아 주고 있다. 먼 해외에서의 기분풀이, 더구나 상대 여자는 후진국 매춘부이므로 설마 진정으로 반하지는 않겠지 하는, 인종 차별이나 오만함이 그대로 드러난 타산 외에 그런 바람기 여행이 유행이기도 하기 때문이다.

모두들 그러니까 자기 체면이 손상되지 않는다. 바로 이런 것과 같이 모든 아내들이 바람을 피운다면 남편들도 체념할 수 있다. 익숙해지기 때문이다. 인간은 무슨 일에든지 익숙해질 수 있다. 익숙해져서는 안될 일에까지 익숙해진다. 부정(不正)이나 전쟁에까지 익숙해지는 것이다.

유혹하는 사나이가 한 명 있으면 유혹당하는 여자도 한 명 있다. 남자에게만 기회가 주어져 있는 것이 아니라고 본다. 러브 호텔이 숲처럼 들어서서 번성하는 것을 보면 여자들은 끊임없이 나돌아다니고, 까맣게 모르는 것은 남편들만이 되어 버렸는지도 모른다.

사실, 본디 일본 부인들이 남편에게 정절을 굳게 지키는 것만큼 이상한 일도 없는 것 같다.

제멋대로 굴고, 제 생각만 하고, 분수 모르는 존재로, 책 한 권으로 쓸 수 있을 만큼의 화를 남편에게 품고 있지 않은 아내는 없다고 일컬어지고 있기 때문이다. 이런 위에 섹스에 대한 원한이 덧붙는다. 아내에게는 전혀 손대지 않으면서 다른 여자에게는 좋아 날뛰어 만지기도 하고 핥기도 하고 무엇이든지 하는 것이다.

한 사나이가 자기 아내를 불만의 구렁텅이에 빠드려 놓은 채 역시 똑같이 불만에 빠져 있는 다른 아내들에게 봉사한다. 남의 부인을 보고, 자기 아내를 빼앗기는 고리가 길게 이어지고 이어져서 온 일본에 번지고 모든 남자들을 똑같은 정분으로 묶인 형제로 만들어 버린다면 틀림없이 질투 따위는 문제가 되지 않게 되리라.

♣ 셋이서 섹스

"아예 셋이서 함께 잘 수는 없나요?"

아내가 말했다.

관심은 있지만 연인을 찾기에 빠져 버릴 수는 없다. 질투가 어리석다는 것은 안다. 그렇다고 해서 마음이 편안할 수도 없다. 특히 홀로 기다린 때에는 온갖 상상이 다 떠오른다.

다른 여자와 큰 차이가 없는 행위를 한다는 것을 알고 있고, 그녀도 자기와 별다름이 없다는 것을 알면 심한 의심, 질투는 하지 않으리라. 질투 망상은 사실이 뚜렷해질 때 오히려 가라앉는다.

"사이가 좋아지면, 기꺼이 빌려 줄 마음이 우러날지도 모르고 ······."

고대 그리스에서는 친한 친구에게 아내를 빌려 주었다. 질투는 없었다. 내 애인인 아이꼬(愛子)에게 그런 말을 했다.

"해보고 싶어요. 잘되면 친한 사람이 곱이 되는 거 아녜요."

남자끼리든, 여자끼리든 벌거숭이의 만남은 마음의 장벽을 없애는 데에 효과가 있다. 같은 인간을 선택하고, 같은 인간에게 선택받는 취향은 본디 닮은 것이므로 생각이나 흥미면에서 공통되는 점이 있다. 그렇다고 하더라도 1년 동안은 어색했었다.

그러는 동안 서로 마음을 맞추어 볼 기회가 몇 번이나 찾아왔었다. 호기심은 최고로 충족되고 서로 편리하다는 것도 알았다. 시도는 성공이었다. 아이꼬(愛子)는 지금 우리 부부에게 가장 기다리는 손님이 되었다.

그녀들(아내와 아이꼬)은 처음에는 자기들의 성기를 감추어진

구석구석까지 보았다. 거울에 비추어 볼 때와는 비교조차 할 수
없는 깊은 감동을 맛보고 여자라는 사실의 무게를 느끼는 것 같았
다. '자기 발견'이라는 뜻밖의 드라마가 있었던 것이다.

셋이서 즐기는 섹스는 그야말로 완전한 관능의 호화 축제라고
할 수 있다. 섹스의 쾌감은 온몸의 성감대가 받는 자극의 질량의
상승곱에 비례한다. 1 대 1 로서는 방법이 너무 한정되어 있기
때문에 기껏해야 소비하는 시간쯤에서만 차이가 날 뿐이다.

그러나 여럿의 플레이에서는 많은 성감대에 대한 동시적 자극
이 가능해진다. 등과 가슴에 동시에 따뜻한 유방을 느끼는 것은
가슴이 울렁일 만큼 기분 좋으며, 두 유두를 동시에 빨린다든지,
그 밖에 수많은 여러 가지를 할 수가 있다.

그러나 문제가 없는 것은 아니다. 남자 2 명과 여자 1 명의 경우
에는 앞뒤로 연결하면 함께 즐길 수가 있다. 그러나 여자 2명과
남자 1명일 때에는 세 사람이 동시에 만족할 수 있는 체위를 찾아
내기란 쉬운 일이 아니다. 따로따로 그때그때 방출(사정)하면
사나이로서는 즐길 수가 없다. 오래 끌 수 없는 사나이에게는
권할 수 없다.

중세기 아라비아 성서(性書)에 지속의 길고 짧음은 단순한 삽입
시간이 아니라 연속적인 피스톤 운동의 회수로 셈된다. 틀림없이
이러한 계산쪽이 합리적인 듯하다.

10 에서 20 번 피스톤 운동으로 사정하는 것은 짧은 사람, 50
에서 60 번 피스톤 운동으로 사정하는 것은 긴 사람, 그 중간은
중간 사람으로 불리운다. 이것은 표준이며 100 번 이상의 긴 사람
도 5 번 이하의 짧은 사람도 물론 있다고 한다. 아무리 시간을
번다고 하더라도 두 사람을 만족시키기란 어려울 것이다.

길게 끄는 방법으로는 약초, 음식물도 있지만 쉽사리 손에 넣기
가 어렵다.

내 경험으로는 목욕탕 안에서의 자위는 효과가 있다. 틀림없이
조금씩 지속 시간이 길어진다. 여러 가지로 해볼 만한 가치가
있다. 인간의 몸에는 아직 많은 미개척지가 남아 있다고 본다.

♣ 매춘은 섹스의 모험이 아니다

매춘은 옛날부터 있었는데, 사나이들이 매춘부에게서 하라는
것은 시대와 사회에 따라 매우 다르다. 대부분의 매춘론(賣春論)
은 모든 매춘을 일률적으로 다루고 있다. 그러나 공통점보다는
다른 쪽이 열매가 많은 고찰(考察)로 이끌어 주는 듯하다.

아내를 가질 수 없는 가난한 사나이들에 대한 신의 은혜였던
시대도 있었다. 신분이 높은 여자들도 신에 대한 봉사로써 신전에
서 바라는 자에게 몸을 맡겼다. 신전 매춘(神殿賣春)이다.

섹스가 퍼진 뒤에는 유력한 계급인 사나이들의 향락적 욕망을
충족시키는 것이 되었다. 아름다운 여자, 예(藝)에 뛰어난 여자는
매춘부로서 환영받았고, 아이 많이 낳는 여자, 기술을 가진 여자는
가정에서 소망했다. 매춘부가 천시되지는 않았다. 이윽고 매춘숙
(宿)은 세련됨을 다투는 환락 장소가 되고, 그 마을은 새련된 예
법·기예·유행의 중심이 되었다. 현대의 매춘은 단순히 생리적으
로 필요한 충족이라든가, 섹스 기술 개발을 위한 것은 아니다.
현대 사회가 빚어내는 이즈러진 욕망을 충족시키는 것이 되고
있다.

이용자의 태반은 기혼자인 중년 사나이가 대부분임이 밝혀졌다. 그들은 아내에게서 얻을 수 없는 만족을 얻기 위하여 찾아간다.

오늘날 대개의 아내들은 협력적이다. 그러나 가령 아내가 해주는 페라치오로서는 그들은 충분히 만족할 수 없다. 그들이 좋아하는 것은 노예처럼 복종하는 증거로서의 페라치오이다. 노예 여자를 무릎 꿇게 하고 싶은 것이다. 감각보다는 기분이 문제인 것이다.

소외당하는 일에 상심하고 의심이 깊어져 있는 그들의 유아적 자아(幼兒的自我)는 대등한 관계에서는 섹스를 즐길 수가 없다. 새드, 마조적 행위에까지는 이르지 않는다 하더라도 그러한 공격적인 대상으로서는 매춘부 밖에는 없다.

동남아에의 매춘 여행은 이러한 종류의 매춘의 전형적인 것이다. 그 곳에서는 여자의 유방에다 담뱃불을 비벼 꺼서 화상을 입히는 짓까지 하는 자가 있는 모양이다. 그것은 섹스를 즐기러 간다기보다는 그 나라 여자들을 욕보이는 것을 즐기러 가는 것이다. 가난한 것을 노려서, 일본에서는 매춘부에게서조차 얻을 수 없는 값싼 노예 봉사자를 사러 가는 것이다. 그 매력은 그들을 두세 번씩 계속 가게 하는 것이다.

빠리에 여자를 사러 가는 것은 그만한 값어치가 있기 때문이라고 여겨지지만 노예적인 여자를 살 수는 없다.

빠리에는 돈을 벌러 간 독신 남성이 많다. 고독은 긴장과 피로를 몇 배 더하게 만든다. 1975년 경찰 단속에 저항하여 프랑스 매춘부들은 각처의 교회 안에 들어갔다. 정치의 무책임, 권력의 위선, 중산 계급의 중년 사나이들의 두꺼운 낯짝이 그녀들에게

준엄하게 고발당했다. 동시에 그 노동자들과의 연대성이 알려졌
다.

착취당하는 사람이 없는 자유로운 사랑의 의지에 의한 성적
약자에 대한 인도적 매춘은 당면의 필요악으로 인정되고 있다.
일본의 몇 푼 못 받는 외국 노동자들의 섹스는 어떤 양상일까?

소수의 예외자를 제외하고 요즘 젊은 여자가 기꺼이 나이 많은
사나이와 만나기를 바라는 것은 결코 돈 때문이 아닌 것 같다.

돈은 그녀들이 훨씬 더 많이 가지고 있기 때문이다. 그녀들이
중년들과 사귀는 것은 인생이나 섹스의 넓은 지식과 경험, 상대방
에 대한 이해나 배려, 어떤 일에 부딪쳤을 때의 깊은 생각, 믿을
만한 침착 등등 때문이라고 한다.

되돌아보건대 우리들이 대단한 것을 가지고 있는 것은 아니
다. 그러나 우리 자식들과 비교해 볼 때 틀림없이 훨씬 앞서 있을
지 모른다. 좀더 나이가 들면 노화현상이 나타나기 시작하므로
이러한 이점(利點)도 잃게 되겠지만, 당장은 매력적인 것을 부정
할 것까지는 없으리라.

그러한 것들은 배워서 얻은 것이다. 남자만이 현명하여서 그런
것은 아니다. 중년 여자들에 대해서도 똑같은 말을 할 수 있는
것이다. 성기(性器)는 어느 정도 시들었겠지만 모든 지혜는 나이
와 함께 깊어져 간다. 그녀들 또한 인생의 빼어난 스승인 것이
다.

여자들에 대한 존경이나 서로 환락을 나누는 섹스의 즐거움을
나에게 가르쳐 준 것은 아내 이외의 여자와 첫 교접이었던 연상의
여인이었다.

전의 아내는 동급이어서 두 사람 모두 매우 젊었다. 나이가

엇비슷하면 아무래도 맞서게 된다. 상대방을 억눌러 우위에 서려 한다. 이제와서 보면 자신(自信)이 없는 데에서 오는 행동이었다고 생각한다. 지배는 미숙한 남자의 사랑의 고백이며, 반항은 이에 응하는 여자의 집착의 표현이다. 싫지 않으니까 가출하지 않고 반항하는 것이다. 그러나 그렇게 깨닫게 되기까지에는 오랜 세월이 필요하다.

무의미하게 서로 상처를 입히고, 좋아하기 때문에 서로 미워하는 것이다. 어떻게 하면 풀어질지 본능(本能)은 가르쳐 주지 않는다.

결혼 전에 충분한 섹스와 감정 교육이 필요한데 학교나 책에서 얻기가 힘들다.

젊었을 때를 되돌아볼 때 얼굴이 서지 않는 일 뿐이다. 〈별 나라 왕자님〉의 말이 생각난다.

"나는 너무 어려서 사랑을 몰랐던 거야."

다음과 같은 일도 있었다. 함께 자기는 잤는데 나도 아내도 나의 그것을 어디에 삽입해야 할지 사실 몰랐던 것이다. 여자의 성기도(性器圖)는 보았었다. 그러나 거기에 그려진 것은 벌어진 상태이며, 사실상 처녀의 그것은 보다 더 깊숙이 파묻혀 있다. 출입구를 잘못 짚어 당황했다. 남녀가 모두 경험이 없을 때 첫날밤에 실패하더라도 이상할 것이 없다고 나는 생각한다.

오랜 시간이 걸려서 찾아내기는 했지만, 온갖 곳은 다 찔러본 다음이므로 요도에 감염되어 심한 요도염과 방광염에 걸려 버렸다. 여위고 창백해졌으며, 심한 열로 벌겋게 달은 얼굴은 그때까지 본 일이 없을 만큼 아름다웠지만 요즈음도 날씨가 차면 재발

한다고 한다. 나와 같은 숫총각은 부디 조심할 것.

아내는 안기는 것만으로 만족했으며 그 이상 아무 것도 바라지 않았다. 하는 대로 몸을 내맡기고 있는 것을 남자의 욕망에 응하는 여자의 사랑이라고 생각하고 있었다. 거의 쾌감을 못 느낌으로 어떻게 적극적으로 행동해야 할지 상상조차 할 수 없었던 것이다.

저절로 쾌감에 이르게 되고 나서도 그 습관 때문에 얼마쯤 깊은 숨을 쉴 뿐인 조용한 흥분의 고조였다. 몇 년 동안이나 두 사람 모두 그것이 전부라고 믿어 의심치 않았다.

부부의 감각이 개발된 것은 그 연상의 애인과 불륜을 저지른 대가로 얻은 것이었다. 그 여자는 옛 국립대학이 여자에게도 개방된 뒤의 첫 졸업생이 된 선구적인 깬 여자였다. 애무하는 곳과 애무하는 방법을 그녀에게서 배웠는데, 곧 그녀의 온몸은 젖었고, 홍조를 띠었으며, 자극적인 강한 체취를 풍겼다.

그녀와의 교접(交接)은 더할 수 없이 정열적인 것이었다. 오르가즘이 다가오면 광란 상태에서 몸부림쳤다.

"아직 끝내면 안돼요." 그녀는 외쳐댔지만, 움직이면 참아낼 수 없기 때문에 나는 필사적으로 그녀에게 달라붙어 있었다. 기쁨인지 고통인지 모를, 이 고문과도 같은, 글자 그대로의 격투 뒤에 두 사람 모두 숨이 거의 멎을 지경이 되어 발산했다.

이 힘차고 열렬한 교접에 크게 감동했다. 누구나가 쾌감에 대해 말한다. 그러나 그 질에는 커다란 차이가 있다는 것을 깨닫지 못한다. 섹스를 멸시하는 사람들 속에는 가난한 성생활의 딱한 희생자일 뿐인 사람이 적지 않은 것 같다. 나는 섹스는 개발하고 창조하는 것임을 말한다.

섹스의 비술 전수자라면 섹스를 직업으로 삼고 있는 사람들을
연상한다. 그러나 매춘부는 최악의 교사라는 지적이 있다. 성급하
게 몰아대어 조루(早漏)로 만들어 버린다. 손님의 기분을 맞추기
위하여 연기를 할 때에는 그릇된 것을 가르친다.

터키탕에는 일방적인 섹스 밖에는 없는 모양이다. 둘이서 즐기
는 섹스는 여기에서도 못 배운다. 통속적인 포르노 소설이나 영화
는 진실을 모두 알리기보다도 독자의 선입견에 영합하기를 노리
고 있다. 획일적인 섹스 밖에는 발견할 수 없으리라.

여자들은 연하자를 상대로 섹스를 할 때 특히 대담해지는 모양
이다. 몸가짐이나 조심성 때문에 바깥에 드러내기를 억눌러 온
그녀들의 모든 장점이 사나이가 보여 주는 열정과 신뢰에 격려받
은 분방한 섹스와 함께 해방되어 넘쳐 나온다.

요컨대 장소가 사람을 바꾼다. 남편과 함께 있을 때와는 다른
자신을 그녀들 자신도 발견한다.

여자들은 최고로 여성적이고 매력적이 된다. 남자는 계시로
충만해진다. 아들과 그의 젊은 어머니가 서로 정을 통하는 섹스의
양쪽에 모두 감미로운 감각이 이해될 것만도 같다.

♣ 인생 세 번 결혼설

아이를 만들기 위해서는 젊은 남녀의 결혼이 바람직하겠지만 아이를 기를 때에는 젊은 부부가 가장 적합하다고는 할 수 없다.

어머니는 꼭 있어야 하겠지만, 스스로가 아이 같은 아버지는 어린이를 망쳐 버린다. 그렇다고 젊은 사나이의 죄가 되는 것이 아니라, 자립하기 힘든 세상이 되어 있다는 것이 죄이다.

한편 육아에 쫓기는 아내는 지쳐서 성에 뜨겁게 빠질 수가 없다. 섹스보다는 정신적인 편안함을 찾는다.

조용히 놓아 주었으면 싶을 이 시기에 남편은 미치도록 발정(發情)하며, 아이를 다 길러 놓고 아내가 여유 있게 즐기려 할 때 이번에는 남편쪽이 섹스에서 벗어나 흡족할 만큼 응해 주지 않는다.

짧은 밀월 뒤, 부부 관계의 톱니바퀴는 잘 맞아 돌아가지 않는다. 같은 나이 또래가 좋은 것은 늙은이들 뿐이라고 할 수 있을지 모른다.

각 연대(年代)에 있어서의 가장 열매가 많은 남녀의 짝을 생각해 보았다.

평생에 세 번 결혼하면 좋을 것 같다.

전에 2회 결혼설이 있었는데, 노년들이 오래 살게 되었기 때문에 새로운 연구를 할 필요가 있다.

① 20살 전후의 결혼 적령기에 이르면 첫 결혼 상대로서, 남자도 여자도 40살 대의 연장자와 짝이 된다.

② 40살이 되면 그때까지는 결혼을 마감하고 20살 전후의 젊은 상대와 짝이 된다.

③ 60 살이 되면, 다시 이혼하고 이번에는 같은 60 살 때의 상대
  방과 평생의 부부가 된다.

남자도 여자도 40 살이 되면 피임 수술을 받는다. 그렇기 때문에
부부간에 아이는 없다.

한 해에 몇 번 각 지방에서 축제가 열리는데, 이 때 고대(古代)
의 축제 때처럼 난교(亂交)를 행한다. 젊은 남녀는 새로 신원(身元)
을 밝히지 않은 채 맺어진다. 그래서 임신하게 된다.

아이는 신선한 난자와 정자의 결합으로 태어나게 된다. 가계
(家系)는 모계(母系)가 되게 된다.

남자들은 직계 자손을 못 갖게 되는데, 여자보다 수명이 짧으므
로 세 번째 아내의 임종을 받으면서 죽는다.

옛 모계 사회에서 그랬듯이 권력은 사나이들 손에 쥐어진 채이
겠지만 불공평하게 쓰지는 못하리라. 온갖 곳에 흩어져 있으리라
고 여겨지는 숨은 자기의 진짜 아들이나 손자에게 불리한 짓을
하게 될지도 모르기 때문이다.

족벌이나 정실이 발 붙이지 못한다. 축제는 사회 전원이 융합하
는 장소가 된다. 사나이들은 모든 어린이들의 잠재적인 아버지이
다. 그들은 스스로 유산을 복지 사업에 기부하게 될 것이다. 정치
도 복지 우선이 된다.

아이들은 모두 형제일 가능성을 갖게 된다. 경쟁 사회는 협력
사회로 바뀌고, 가르쳐 주면 그만이라는 교육은 사라진다. 어린이
세계에 행복이 되살아나고, 등교 거부나 교내 폭력, 가정 폭력이
사라진다.

젊은 어머니의 남편인, 장년기의 법적인 아버지는 성숙한 어른
의 모범이 된다. 성장한 아이들의 어머니의 두 번째 젊은 남편은

실컷 못 부렸던 응석을 연상의 아내에게 부리며 형제자매와 다름 없는 의붓 아이들의 이해자, 의논 상대가 되어 주어 무리 없이 자립을 배우게 된다.

세대(世代)의 단절은 가장 적어진다. 남녀의 성에 대한 상하 관계는 없어진다. 연장자가 자연히 한 집안의 중심이 된다. 부부 싸움이 전혀 없어지는 것은 아니겠지만 격감한다.

인공 유산이나 피임구의 번거로움도 사라진다. 남자도 여자도 젊게 살다가 흡족하게 죽어 간다.

다만, 아버지와 아이들의 핏줄을 알 수 없게 되므로 근친혼이 생겨난다. 아버지와 딸, 이복 형제자매 사이에 짝이 생겨난다.

근친혼을 금지하는 생물학적 근거는 모두 과거의 것인데, 가령 존중한다고 하더라도 아버지와 딸 사이에 아이는 태어나지 않으 므로 문제 없다. 마음 흐린 구석도 있을 수 없다. 현재도 부녀혼은 많다. 딸이 아버지에게 폭력으로 당하는 것이다. 존속 살인이 일어 날 때가 있다. 그러나 이런 일도 걱정할 필요가 없어지는 것이 다.

이복(異腹) 사이의 동포혼(同胞婚)은 부계 사회가 확립되기 이전에는 조금도 터부가 아니었다.

♣ 섹스는 자연도(自然度)의 바로미터

예전, 섹스가 최고로 자유로웠을 때 소수의 현자들은 그에 거역 하여 금욕을 택했다.

이 선택의 무게를 내 나름대로 씹으면서 그 현자들의 가르침을 현대에서 실천하는 길은 금욕과는 반대로 오히려 적극적으로 섹스에 달려드는 일이 아닐까 하고 어리석은 생각을 해본다.

자연의 황폐가 우선 곤충이나 야조(野鳥)의 감소에 우선 나타나듯이, 생명의 황폐는 섹스의 욕망의 감퇴에서 시작된다. 섹스가 규칙적으로 영위된다는 것은 인간으로서 균형 잡힌 무리 없는 삶을 살 수 없다는 것을 말해 준다. 욕망이 일어나지 않는다면 지쳐 있든가, 마음의 여유를 잃고 있는 것이다. 정신과 육체의 총체적인 건강도는 섹스로써 일상적으로 아주 쉽게 알 수 있다.

옛 중국에서는 사정하지 않는 비술을 익히면 성교 횟수가 많을수록 좋다고 생각을 했었다. 사정할 경우에는 절제가 장려되었다.

그 기준은 어떤 성서(性書)에 의하면, 20 살 때 1 일 2 회, 약한 자는 1 회, 30 살 때 1 일 1 회, 약한 자는 2 일 1 회, 40 살 때 3 일 1 회, 약한 자는 4 일 1 회, 50 살 때 5 일 1 회, 약한 자는 10 일 1 회, 60 살 때 10 일 1 회, 약한 자는 20 일 1 회, 70 살에 30 일에 1 회, 약한 자는 사정 말라는 것이다.

에토 시대의 유학자(儒學者) 가이바라(具原)는 《양생훈》에 20 살이면 4 일 1 회, 30 살이면 8 일 1 회, 40 살이면 16 일 1 회, 50 살이면 20 일에 1 회라는 기준을 썼다.

되풀이 말하지만, 이것들은 절제의 처방이다. 그때 사람들은 사실상 그 이상으로 섹스에 빠져 있었다는 입증이 된다.

앞에서 밝힌 기준은 당치 않게 여겨지는 섹스 횟수의 필요를 말하면서 권하는 절제여서 과장일지 모른다고 의심할 사람이 있을지 모른다. 그러나 가이바라의 기준은 너무 엄격하다는 느낌이다. 각자 20 살 때를 생각해 보면 좋으리라. 억지로 노력하여 그 기준을 지키다가 끝내는 그 기준조차 제대로 해낼 수 없어진 사람이 늘어났다고 한다.

금욕과 불능은 똑같지가 않다. 옛 중국이나 가이바라 시대보다 우리들은 훨씬 잘 먹고 있다. 말하자면 매일 강장요리(強壯料理)를 먹고 있는데도 이런 양상이 나타나는 것은 예삿일이 아닌 것같다. 현대 사회에 대한 경종이라고 보아 잘못일까. 지나치게 가혹한 경쟁 사회에 대한 경종으로 말이다.

조금만 쉬다간 탈락되고 만다. 또는 그렇게들 믿고 있다. 그러나 섹스의 욕망을 잃어버릴 만큼 지쳐서 남보다 앞서 승진하더라도 자랑은 한때이고, 멀지 않아 자거도 낙오되어서 버려진다. 모두 함께 쓰러져 버리고 만다.

회사가 번창하고 나라가 번영해도 그 속에서 똑같은 사람이 계속 번영하고 있는 것은 아니다. 물살이 센 강의 흐름은 그대로이지만 물은 똑같지 않다.

현자들의 가르침은 시류(時流)에서 거리를 두어 자신을 잃지 않으려는 인생태도였으리라고 생각된다. 횟수가 줄어든다면, 아내들이여, 남편에게 휴가를 주라.

대학교수,
나의 성충동과 행동

♣ 52 살, 매일 1 회에서 2 회

　매스컴이 그 버릇대로 과장하여 떠들어대는지 어떤지 모르지만
지금 1 억 인구 총불능이 문제가 되고 있다고 한다. 섣불리 말하다
간 이상성욕의 위험 인물로 보일까 망설여지지만, 반대로 그렇기
때문에 한층 더 뜻있는 증언이라고도 할 수 있으므로 굳이 나의
경우를 적어 둔다.

　섹스는 잠드는 데에 좋고 깨어나는 데에 좋다. 피로는 닥치지
않는다. 시간도 그다지 걸리지 않는다. 매일 하는 식사와 같아서
피할 필요도 없다. 그럼에도 충실한 만족을 얻을 수 있다.

　싱글 베드에 아내와 벌거숭이로 붙어서 잔다. 잠들 때에는 약간
의 전희(前戱)가 필요하지만, 깰 때에는 따뜻하고 기분 좋은 접촉
으로 항상 준비와 상태가 되어 있다.

　몸은 아직 반은 자고 있다. 그런 나른함 속에서 겹쳐 조용히
몸을 움직이고 있는 동안에 감각이 깨어나고, 의식이 깨어나고,
멍한 머리 속이 맑아져 온몸이 완전히 산뜻해진다.

　처음엔 거북하지만 일주일만 참으면 익숙해진다. 잠옷이나 전기
담요 따위는 필요 없어졌다. 침대에서 빠져 나갈 때 추위를 느끼

는 일도 없다.

따로따로 잘 때의, 아무리 쑥쓰러움이 없어졌다 해도 어쩐지 서먹스러운 섹스의 요구도, 끝난 뒤에 싸늘하게 식은 이부자리로 맹숭맹숭해져서 옮기는 것도 안녕. 거리는 짧아지지만 더블 베드라고 해도 어느 쪽인가가 다가가지 않으면 안되므로 그때마다 기분이 줄어들기는 마찬가지이다.

싱글 베드에서 함께 잔 것은 이혼한 뒤 집을 팔아 넘기고 계속 옮겨다닌 아파트 생활이 강요한 해결책인데, 뜻밖의 득이 있었던 것이다.

분노나 걱정거리는 침대에 끌어들이지 않아야만 한다.

그런다면 사나이는 쉽게 불능에 빠져 버린다. 애석한 일이지만 나도 가끔 불능에 빠질 때가 있다. 배짱과 도량이 없는 벌을 받는 것이다. 수양이 시험을 받는다. 페니스는 남자의 육체뿐만 아니라 마음의 거울이라고 할 수가 있다.

낮 생활의 분노나 걱정에서 피할 목적인 섹스도 있다. 그러나 그런 음산하고 되는 대로, 부딪치는 행위를 상대방이 좋아할 리가 없으므로 이윽고 경멸과 거부에 부딪치게 된다.

나 자신을 반성하건대, 그야말로 아무래도 좋은 일에 신경을 써서 일일이 화를 내며 끙끙거리는 나 자신을 발견하는 일이 적지 않다. 아무래도 좋은 일을 남에게 맡기고 참으로 중대한 문제라면 사랑의 행위 동안 그 세상을 정지시켜 둘 강함이 사나이에게는 꼭 있어야만 한다. 여자에게 뽐내는 강함이 아닌 강함 말이다.

러브 이즈 베스트(love is best—성애야말로 최고)..

《근대 연애관》이란 책 머리에 있는 영국 빅토리아 왕조 시대의 시성(詩聖) 브라우닝의 시의 한 귀절이다. 이 책은 나의 진로를 바꾸었다.

하룻밤에 이과(理科) 지망이 문학 지망으로 바뀌었다. 옛 제도 중학 4 학년, 현재로 따져 고등학교 1 학년 때인데 그때의 흥분은 아직도 선명하다.

왜 그렇게 강렬한 감명을 받았는지 이상하였었는데 이제 와서 생각나는 점이 있다.

3~4 살 때 몹시 말을 더듬고 자주 병을 앓았던 나는 늘 구석에 외돌토리로 앉아서 벽흙 따위를 매만지며 지냈다 한다.

그러한 나를 이 세상으로 되끌어와 준 것은 스미코(澄子)라는 이웃집 같은 나이 또래 여자아이였다. 그녀는 어머니처럼 나를 돌보아 주었고, 누나처럼·귀여워해 주었으며 누이동생처럼 종순했다. 밤낮으로 두 사람은 함께 있었다. 내가 그녀를 놓아 주지 않았기 때문이다.

국민학교에 입학하게 된 순간 어린 사랑은 어처구니없이 무너져 버렸다.

'남녀칠세부동석(男女七歲不同蓆)'의 도덕이 아직 살아 있었다. 내가 4 학년 때 그녀의 집안은 이사가 버렸다.

무의식중에 품어 오던 이 당치 않은 금지에 대한 의문에 '근대의 연애관'은 힘차고 명쾌하게 대답해 준 것이었다.

로마의 폐허에 서서 영화의 덧없음에 가슴 뭉클해진 시인은 한구석의 무너져 내리는 탑 밑에서 연인을 기다리는 아름다운 소녀를 보고 사랑만이 영원하다고 노래했다.

바빌론이나 로마의 운명은 우리들의 내일의 운명이기도 하다. 미친 듯한 몸부림 위에도 무상한 바람은 분다. 먼 미래의 일은 놓아 둔다고 쳐도 늙음과 죽음은 지금도 어김없이 찾아온다. 행복하게 늙고 행복하게 죽기 위해서는 행복하게 살아야만 한다.

♣ 섹스에 만족해야 예절을 안다

행복하게 산다는 것은 나의 경우엔 공적(公的)으로도 의미가 있다.

대학 캠퍼스는 여자가 평생 가장 아름다운 한창인 처녀 시절을 독점하고 있다. 세상이 안달복달하는 것도 무리가 아니다. 익숙해지면 느끼지 않게 된다는 사람이 있지만, 여대생의 화려한 경쟁은 유다르므로, 대학에 오랜 세월 근무했는데도 내 눈은 강의중에조차 마음에 드는 여자아이의 얼굴이나 가슴으로 곧잘 쏠린다. 다가가면 정결한 머리칼과 살갗의 표현할 길 없는 좋은 향내가 난다.

이 매혹에 무방비한 상태에 있으면서도, 나도 모르게 그녀들을 만지고 싶은 충동을 억누를 수 있는 것은, 늘 긴장을 해방시키고 부드럽히는 기구에 보호되고 있기 때문이라고 생각한다. 즉, 나의 횟수는 그 지나치고 위험한 자극을 소화하는 폭발의 안전판이 되고 있기 때문이다.

적 앞에서 도망치는 것과 같은 자제(自制)를 말하고 있는 것이 아니다. 그러나 쓸데없는 창피는 당하지 말아야 한다. 슬프게도 이미 사나이로서 한창 때를 지나 있는 것이다. 젊은이라면 좀 지나치게 행동해도 대개는 장난으로 너그럽게 보아 준다. 그러나 늙음은 모든 것을 추악하게 만든다.

어떤 대학의 노(老)교수는 친목회의 개방적 분위기에 힘을 얼어 전에서부터 마음을 빼앗기던 미인 여대생을 취한 척하고 끌어안았다. 여자가 떼미는 바람에 넘어져서 부상당했다. 매우 인기가 있는 훌륭한 교수였는데, 너그럽게 받아들여지지 않았다. 설령 받아들여졌다 해도 곧 싫증날지 모를 여대생에게 한때의 흥분으로 손을 내민 것은, 그야말로 여자에 급한 사람처럼 보여서 천박스럽다.

프랑스에서는 스승이 되려는 사람은 정신분석을 받아 두어야 한다고 주장한다. 우리들의 무의식 속에 숨어 있는 공격성의 위험에 주의를 불러일으키고 있다.

강의실, 특히 적은 인원수의 세미나는 가끔 교수의 이러한 공격성 발산장이 된다. 대인 관계에 익숙지 않은 요령 없는 여대생이 그 희생물이 될 경우가 많아, 무기력증 등으로 낙오되어 버리는 숨은 요인이 되고 있다. 교수 자신이 그것을 깨닫기 어려우며, 강의실이라는 밀실 안의 일이므로 외부에서 지적받기도 어렵기 때문에 손댈 수조차 없이 심한 상태에 이르는 경우가 있다. 교수가 자계(自戒)해야 할 가장 큰 악덕(惡德)으로 간주되고 있다.

정신분석학에서도 성적 불만이 그 원인이라고 분명히 말하고 있다. 원인에 대한 견해는 학설에 따라 여러 가지이지만, 이 공격성에, 공물을 바치는 것은 행복보다는 불행, 만족보다는 불만, 충족보다는 억압인 것만은 틀림이 없다. 나의 횟수는 이 공격성의 안전판으로 효과가 있다고 믿고 있다.

♣ 단신 장기 해외 출장의 외설성

매춘은 나의 취미가 아니다. 그래서 그런지 10년 쯤전에 처음 홀로 빠리에 가서 1년 가량 보낼 때에는 정말 난처했다.

석 달 동안은 스스로 처리하여 겨우 버티었다. 그러나 그 뒤로는 섹스가 머리 속에 틀어박혀서 떠나지 않았다. 자나 깨나 생각하는 것은 오로지 하나, 누구라도 좋으니까 여자를 품고 싶다는 것이었다.

외국 여인과의 모험적 연애를 노렸었는데, 현실은 그렇게 만만치는 않았다. 취미와 생각이 꼭 들어맞는 안정된 상대를 내 사정에 맞게 조기에 시간 낭비 없이 찾아내기란 어려운 일 중에서도 가장 어려운 일이다.

단 한 시간도 참을 수 없는 마음에 휘말려서 소문으로 듣던 홍등가로 갔다. 그러나 그런 막다른 골목에까지 몰렸어도, 짙은 화장을 하고 굽 높은 하이힐을 신은 여자 뒤를 선뜻 따라갈 수가 없었다. 단념할 수가 없어 몇 번이나 찾아갔었지만 헛일이었다.

맹숭맹숭한 여자에게 일방적으로 달려드는 창피스러움이 내가 매춘에 거부감을 느끼는 최대의 이유일지 모른다. 그것은 상대방이 아내이거나 다른 여염집 여자일 때도 마찬가지이다.

그처럼 소망하여 겨우 이루어진 빠리 체재가 고통스러워졌다. 명령받은 기간이 차기 전에 귀국하는 해외 유학자는 별로 없다고 한다. 아이꼬(愛子)와 위험 일보 전에서 만나지 못했더라면 나는 틀림없이 낙오되었을 것이다.

고독, 향수, 구미에 맞지 않는 식사 등등 이유는 여러 가지이지만, 몸 가까이 느낄 수 있는 여자의 실체적인 따뜻함만 있다면 모두 당장에 흩날려 버릴 장애들이다. 남자는 여자 없이는 살아갈 수 없다. 절실히 그런 생각이 들었다.

해외 유학이 아직 특권적인 은전이라고 하더라고 긴장과 피로에다가 더하여 금욕까지 의무적으로 부과된 것은 아니리라. 감성(感性) 때문이든, 주의(主義) 때문이든 이러한 사람들의 중도 귀국은 순결에 스스로를 바친 좌절이라고 할 수 있다. 이미 국제 경쟁력을 잃었고 매춘에도 거절 반응까지 있다고 하니, 다시 외국으로 나갈 때에는 애당초 누구든지 좋으니까 친한 여자와 동반하는 길만이 본능과 임무 양쪽을 다하는 유일한 방법이라고 가슴에 깊이 새겼다. 많은 시간의 낭비도 막을 수 있다. 두 번째의 빠리 체재에서는, 새 아내의 밀착적 내조가 극상이어서 목적에만 최고로 전념할 수가 있었다.

큐슈 대학 조교수가 국비(國費) 해외 유학에 애인을 동반했다고 해서 소환되어 비용을 변상한 데에다가 퇴직당한 사건이 얼마 전 매스컴을 시끄럽게 했다. 비난하는 기사가 많았던 것 같다. 그러나 나의 견해로는 이러한 처분을 그 조교수가 받아야 할 이유는 조금도 없다.

이미 말했듯이, 금욕은 의무가 아니다. 중요한 것은 연구 성과이며 사적인 생활은 법에 저촉되지 않는 범위에서 각자의 자유에 맡겨져 있다고 나는 알고 있다.

단신이나 가족 동반이라는 규정은 없으며, 단신이든 가족 동반이든 지급 여비에는 1인분의 항공비와 일당과 숙박비가 계산될 뿐이다.

아내나 아이들의 동반은 연구에 공헌하며, 애인의 동반은 반드시 연구를 방해한다는 증명은 없다. 그것이 또한 매춘, 그 밖의

방법보다 특히 스캔들러스한 섹스 처리 방법이라고 할 수도 없
다. 제자가 애인이라고 해서, 다른 여자가 애인인 경우와 비해
무엇이 나쁘단 말인가.

　그 조교수는 좀더 굽히지 말고 법에 호소해서 싸워야 했을 것이
다.

♣ 욕망은 맑고 깨끗하다

코슨 대사(弘法大師) 쿠카이가 창시한 진언종(眞言宗)에서 최고
의 불경이라고 하는 《이취경(理趣經)》이 가르치는 말이다.

섹스는 활력의 원천이다. 때로는 질투나 실망이나 불안 등 번거
로운 고뇌가 따르기는 하지만, 욕망만 죽이면 문제는 해결된다고
믿는 것은 너무 단락적(短絡的)이다. 영원히 섹스가 없다면 이승
은 물론 저승도 허망하다.

당장 극락(極樂)에서도 사람은 섹스 없이 지낼 수 없는 모양이
다. 선녀라고 일컬어지는 상상을 뛰어넘은 많은 미녀들의 시중을
받으면서 사는 더할 수 없는 행복이 여러 경전(經典)에 되풀이
찬미되고 있다.

처음에는 대상이 부족하기 때문에 생겨난 섹스의 불행이 있었
다. 지상에서의 욕망을 경멸하고 오로지 부처가 가르치는 길을
가는 것과 교환으로 그 더할 수 없는 행복은 약속되었다.

복음의 구조는 다른 종교도 똑같아, 신(神)이 가르치는 길은
요컨대 신의 왕국을 쌓는 길, 정복에의 길이었다. 사나이들은 싸웠
고, 전사자는 천상(天上)에서, 행복한 승리자는 신의 축복에 의하
여 지상(地上)에서 각각 바라는 것을 얻었다.

사로잡힌 이교도(異敎徒) 여자들은 쉽사리 마음을 풀지 않았다
그녀들은 사나이들을 속이고 배반하고 파멸시키는 마음 놓을
수 없는 존재였다. 섹스에 따른 위험이 새로운 괴로움이 되었다.

여자에게 애착을 갖지 말도록 주의를 받았으며, 그러기 위해서
는 여자를 인간이 아니라 똥자룻보라는 말을 들었다. 여성 적대시
의 시작이다. 여자가 똥자루라면 남자도 똑같이 똥자루일 터인

데, 라고 의문을 품은 사람은 없었던 모양이다.

시간이 흐름에 따라서 개종하는 자가 늘어나 이윽고 선녀와 같은 여자들이 넘쳐나게 되었다.

다른 애로가 생겨났다.

불능(不能)이다. 남자들은 주눅이 들어 마음대로 행동할 수 없게 되었다.

《이취경》은, 본디 이 불능의 사나이들의 격려하는 주문이었다고 나는 생각한다. 강의하듯 하는 지루한 이론 부분과 대담하다기보다 선동적인 섹스 찬미가 함께 뒤섞여 있다.

옛날부터 연구자를 괴롭혀 온, 극단적으로 보이는 어려운 경문(經文) 구절이 이렇게 이해할 때 아주 선명히 풀려 버린다.

남성이 모두 불능과 같아지는 현재의 일본에 꼭 들어맞는 경문이라고 할 수 있다. 각자각자가 실제로 외워서 시험해 보라.

남녀의 교합이 안겨 주는 환희는 보살의 경지라고 일컬어진다.

《이취경》은 '대락(大樂)의 법문(法門)'으로 인도하는 보살의 경지를 17개 열거하고 있다. 오르가즘, 가슴의 고조, 스침, 포옹, 망아(忘我), 응시(凝視), 삽입, 화장, 말, 오관(五官)으로 느끼는 환희 등등이다.

나도 이에 응해서 내 개인용 보살의 경지를 몇 개 덧붙여 두기로 한다.

햇볕에 알몸을 드러내고 음부의 음모를 뽑게 하는 것은 보살의 경지이다.

냄새나는 팬티를 깊숙이 머리에 눌러쓰고 아랫배에 묵직한 파사(破邪)의 검을 쥐고, 위선 징벌, 미신 퇴치의 함성을 지르는 것은 보살의 경지이다.

염라대왕에게 불려가서 말이 되고 쥐가 되고 뱀이 되어 기어다니는 것은 보살의 경지이다.

배가 되어 한 사람을 얼굴 위에, 한 사람을 배 위에 태우고 두 바다의 물보라를 뒤집어 쓰면서 파도를 오르내리는 것은 보살의 경지이다.

♣ 섹스 탐험

소요 시간과 비용만을 지상(至上)의 척도로 삼아서 근시안적이고, 임기응변적이고 그때그때 수지 타산만 맞으면 된다는 생각에 동조할 수 없어서 버스 차체(車體)의 제조를 걷어치우고 대학교수가 되었다.

그 회사는 급여가 일반 수준 이하라고 자타가 인정하고 있었다. 상장(上場)하지 않는 중소기업이었다.

나는 부장 직책이었는데, 그 부장 월급보다 국립 대학교수 월급이 훨씬 적어서 놀랐다.

나답지도 않게 망설였는데, 회사로 돌아와서 문득 바라본 캘린더에 "재산의 풍족함에 있지 않고 마음 풍족함에 있느니라"는 글이 있었다. 하늘이 계시해 준 듯한 심정이 되어 당장 결단을 내린 생각이 난다.

무슨 일이든지 납득할 수 있을 때까지 해보지 않으면 가라앉지 않는 성격은 브레이크를 잃고 점점 속도를 더해 가고 있다.

지난번에 출판되어 호평을 받은 《별의 왕자님 세계》 등도 그 하나의 작용인데, 섹스 분야에서도 이 일종의 병은 활동의 속도를 늦추지 않는다. 오히려 한층 활발해지기까지 하는 것 같다.

자료도 문헌도 장치도 필요치 않다. 자기 혼자, 또는 자기와 상대방만 있으면 탐구하기에 부족함이 없기 때문이다.

모든 일을 다 해보았다.

이혼도 했다. 이혼 따위는 생각조차 못할 일이었지만, 그런 만큼 한층 더 경험할 가치가 있는 것처럼 여겨지고 스스로에게 도전할 마음까지 덧붙어 되돌아서지 않았다.

아내나 아이에 대한 미안함과, 그때까지의 생활 전부를 잃는 슬픔과 미지(未知)에 여행 떠나는 불안함과, 만약 참으로 그릇된 일을 저지르는 것이라면— 하는 두려움으로 심장이 멎을 것 같았지만 견뎌냈다.

이 세상에 모처럼 태어나서 단 한 여자와만 정정당당히 살아야 하기 때문에 그 진정(眞情)을 맛볼 수 없는 것이 너무나 애석했다.

매력적 여성이 득시글거리는데 말이다.

여자쪽에서도 똑같은 말을 할 수가 있으리라.

아내의 친구에게서 '여성의 적'이라고 매도당했다.

10년이 지난 지금, 그녀는 부러움을 받고 있는 모양이다. 누구에게나 자유처럼 바람직한 것은 없기 때문이다.

그토록 괴로워했지만 결국 대단한 일은 없었다.

사회나 제도에 묶여서 꼼짝할 수 없다고 생각하기 쉬운데 사실은 자기 자신에게 묶여 있는데 지나지 않다고 생각한다. 원칙을 내세운 협박이나 세평에 면역이 생기고 세상이 훨씬 넓어졌다.

아내 친구인 국민학교 선생이 놀러 왔다. 요즘 구박받는 아이들에게 엉덩이를 핥게 한다는 것이다. 나는 구박받는 학생이었다. 분한 기억이 한둘이 아니다. 아무리 놀린다 하더라도 엉덩이를 핥게 하다니 너무나도 음습하고 지나친 가학(加虐)이다. 그대로 들어넘길 수 없다는 생각이 들었다.

그러나 슬프게도 내가 할 수 있는 일은 아무 것도 없다. 나도 엉덩이를 핥음으로써 최소한 그들과 체험을 함께 하고 싶다고 생각했다.

나는 위생에 민감하다. 병에 약하다. 혹시 해롭지 않을까 하여 자신이 없었다. 그러나 중국의 효자가 부모의 똥을 핥았다는 이야기가 내 기억에 있다. 위험은 없을 것 같았다.

잘 씻은 엉덩이는 뺨이나 발바닥과 다름없다. 막 씻어낸 것에 혀 끝을 넣었을 때에는 약간 달콤하고 약간 쓴 맛이 났다.

구박받는 아이들이여, 옛 중국의 영웅 한신(韓信)도 어릴 때 좋지 못한 소년의 살 밑으로 기어나갔다. 기죽지 말라.

월경의 피도 핥아 보았다. 그 피 때문에 여자들은 더럽다고 여겨지고 소외되어 왔는데, 깨끗한 보통 피이다. 의(義)를 맹세하기 위해 팔의 피를 서로 빠는데, 생리의 피를 빨 수 없다면 그것은 미신에 사로잡힌 탓이다.

생리 때 섹스를 하여 여러 번의 오르가즘을 연속시키면 많은 피가 한꺼번에 흘러, 여성에게 월경 기간이 훨씬 단축된다. 그 방면의 전문 서적에서 확인한 바 해는 없는 모양이다.

♣ 호색(好色)에는 여득(余得)이 있다

빠리 대학의 하숙 알선소의 소개로 얻은 아파트에 짐을 옮겨놓고 한숨 놓았을 때 이상한 소리가 아래에서 들려 왔다.

여자의 거친 숨소리와 우는 듯한 소리.

"아아, 좋아 좋아, 거기, 거기, 좀더 빨리, 아아!"

하고 있었다.

상태가 평상시와 다른 것은 띄엄띄엄 음악이 그에 섞이는 일이었다.

별일이 아니었다. 큰거리의 포르노 영화관에서 나는 소리가 정원을 넘어서 아랫층까지 들려 오고 있었던 것이다. 아파트와 같은 경영자 소유로 관리인이 지배인을 겸하고 있었다.

"나는 문학의 연구자로 섹스에 관한 사상(事象)에 매우 흥미를 가지고 있소. 당신네 영화를 가끔 보고 싶은데 편의를 봐줄 수 없겠소?"

하고 말했더니, 당장 기꺼이 초대해 주었다.

아내를 동반했었는데, 포르노 영화에 대한 이 경의는 매우 좋은 인상을 준 모양이다.

몸차림이 점잖으며 고상한 젊은 동양 여인의 존재는 모든 사람의 눈길을 끌었으며, 다른 관객에게 신선한 자극이었고, 그 영화관의 격(格)을 높이는 데에 도움이 되었다. 그 뒤로는 마음대로 드나들 수 있게 해주었고, 오히려 감사를 받았다.

매주일 필름이 바뀐다. 두 번씩 보았다. 7개월 남짓한 기간이었는데, 즉물파(卽物派)에서 예술파에 이르기까지의 여러 유파의 경향의 차이, 유행의 변천, 섹스에 대한 사람들의 굴곡된 소망

등등 제법 많이 알게 되었다.

항문 성교, 백인과 흑인이 뒤섞인 혼교(混交), 인공 페니스를 이용한 여자 끼리의 교접, 일렬로 늘어서서 하는 페라치오와 일제히 하는 방사(放射), 한 사람은 앞에서, 한 사람은 뒤에서 삽입하고 제 3 의 사나이는 페니스를 입에 물리는 다인수 플레이, 오이나 당근을 여자의 성기에 삽입하는 야외의 짙은 플레이, 요정들의 집단 오나니, 토일렛에서 소변을 보거나 바이브레이터로 오나니를 하는 여자, 여자의 얼굴이나 몸을 온통 끈적끈적하게 만드는 분출하는 정액, 풀에서 수영하며 즐기는 교접 …… 등등. 1979 년 봄에서 여름에 걸쳐 빠리 9 지구에서 인기가 있었던 취향이다.

섹스 숍의 잡지 사진보다 커다란 스크린 가득 영사되는 젖어 숨쉬는 성기의 얽힘이 훨씬 박력이 있음은 두말 할 것도 없다. 하찮게 여겨져서 그런 종류의 잡지는 끝내 한 권도 사지 않은 채 돌아왔는데, 사람들이 믿어 줄지 어떨지?

일본 텔레비전의 벌거숭이 프로를 귀국 후엔 보지 않게 되었다. 단지 싱거워서일 뿐만 아니라 지금은 뿌리에만 남아 있는 영화나 사진의 중요한 이미지가 뭉개져지면 안되기 때문이다.

전에는 아주 몇 초 안되는 신의 기대에 이끌려서 탤런트의 말도 안되는 수다를 20 분, 30 분씩 듣고 있을 때가 흔히 있었다. 질리지도 않았는지 곧잘 걸려들었다.

끝내는 텔레비전 자체를 아예 보지 않게 되어 버렸다. 신문이 없어도 될 것 같았다. 프로 소개란을 볼 필요가 없어졌기 때문이다.

신문, 텔레비전을 보지 않게 된 지 거의 3 년이 된다. 전에부터 염원해 왔지만 사실상은 불가능하다고 여겨지던 일이 깨끗이 실현된 것이다.

나의 경우 인과(因果)는 늘 얼토당토 않은 방향으로 비약한다. 하루에 적어도 1시간 반은 나의 시간이 늘어났다. 텔레비전도 신문도 없는 생활은 그야말로 한가롭고 우아하다. 일단 그 생활에 익숙해지면 다시 본디대로 돌아갈 생각 따위는 일어나지 않는다. 그런데 튀김을 할 때 기름을 뺄 신문지가 없기 때문에 아내는 고생한다.

나의 현재의 주요 정보원(情報員)은 FM 라디오 뉴스인데, 그것으로 조금도 부자유스러움을 느끼지 않는다. 못 들을까 봐 근심할 것 없다. 로컬 방송의 경우 같은 뉴스를 잘못된 단어까지 한 자 틀림없이 아침부터 밤까지 온종일 되풀이하는 일이 많기 때문이다.

♣ 중혼(重婚)에 시민권을

섹스를 직업으로 삼는 사람과는 단 한 번도 만난 일이 없고, 먹고 도망치는 따위의 결합에도 관심이 없기 때문에 관계를 맺은 여자의 수는 애석하지만 아직 열 손가락 안에 든다.

그러나 외적인 사정으로 방해받고 있지 않는 한 그 관계는 언제 까지나 계속되기 때문에, 전체로 따질 때에는 아주 소수이지만 거의 항상 몇 사람의 애인과 동시에 교접을 맺는 셈이다. 새로 좋아하는 여자가 생겼다고 해서 옛 애인을 떼어 버려야 할 이유는 없다고 나는 생각한다.

애인은 부담이 되지 않는다. 생활비를 대준다면 쉬운 일이 아니 겠지만, 애인이 직장에 나갈 때에는 그 근심이 없다. 돈은 나의 애인들이 모두 나보다 더 많이 가지고 있다. 바쁜 애인일 경우, 한 해에 한두 번 밖에 못 만날 때가 있다. 만족하는가고 물어보면 할 수 없는 일이라고 체념하고 그것으로 좋은 모양이다. 하기는 남편과 함께 살아도 그 정도로 잠자리를 같이하는 일은 드물지 않다.

나의 생활은 착실하므로 모든 시간은 누구에게나 공개되어 있다. 속이려면 속일 수 있겠지만 귀찮기만 하고 들통이 날 때의 불신(不信)은 죄악이므로 공인이라고 할 것까지는 없지만 공개적 으로 교제하고 있다.

'독점해야만 사랑'이라는 것은 단순한 머리 속의 망상이며 착각 이다. 사랑의 풍부함이야말로 과제이다. 가난한 사랑을 독점해도 짜증이 날 뿐 아무런 가치도 없다. 독점하지 않더라도 자기가 만족한다면 좋지 않은가.

사실, 장소와 대상이 사람을 다르게 만든다. 한 인간에게 복수의 애인이 있다고 하더라도 그들은 같은 인간을 놓고 싸우는 것은 아니다. 한 사나이, 또는 여자 속에 각각 다른 인간을 발견하여, 간섭함이 없이 각각의 사랑을 지키는 것이다.

남의 기득권을 침해함이 없이 자기가 독자적으로 끌어낸 존재에 대한 권리를 요구하는 데 지나지 않는다.

새로운 사랑이 새로운 애인과 행하는 새 자기 발견의 시도가 아닐 경우, 다른 애인의 권리를 위협하게 된다. 그러나 그것은 타성적 사랑의 되풀이를 의미한다. 일부러 새로운 애인을 만들 필요는 없다.

기생충이 아니라 자기의 가능성을 개척하는 계기가 되는 애인의 수는 많을수록 좋다고 나는 생각하고 있다. 그러나 그러한 애인을 얻기가 쉽지 않다. 자기에게 상당한 노력과 매력이 있어야만 한다.

다사(多事)한 것만은 확실하다. 여자 한 사람 한 사람이 느끼는 부분은 미묘하게 다르다.

한동안 만나지 않으면 그만 잊어버린다. 입구에서 움직이면 페니스가 크게 느껴지지만, 그와 달리 삽입할 때엔 나이 탓인지 작아진 것 같다고 근심스러운 말을 듣게 되어 망설이게 된다.

아내와 애인들이 친하게 오가거나 서로 돕는 것을 보면, 세상은 시끄러워지는 모양이다. 사이가 좋은 것이 반가운 일일 텐데도 말이다.

웃음 띤 얼굴 속에 질투와 미움, 그 밖에 어떤 무서운 감정이 숨어 있을지 모른다고 사람들은 단언한다.

놀랄 일은 아니다. 친구지간, 육친끼리의 교제에도 그러한 감정을 주체할 수 없을 만큼 많이 숨어 있다. 그렇다고 하여 시치미를 떼어야 한다고는 생각지 않고 있다. 모순된 감정 속에 살고 있는 것이 인간이다.

교제하는 것이 의무는 아니다. 자기를 억누르도록 무리한 부탁을 받은 것도 아니다.

세월이 흐르는 동안 의심이 걷히고 서로 털어놓게 된다. 상대방이 바뀌기를 바라는 사람은 없을 것이다. 각각 다른 이상(理想), 혹은 환상(幻想)의 놀음을 즐기고 있기 때문이다.

그러는 동안 모두 한 묘(墓) 속으로 들어가자고 하게 될지 모른다.

성적 매력 있는 남자가 성공한다

초판발행 / 2009년 11월 15일
삼판발행 / 2013년 03월 20일

지은이 / 許根元
옮긴이 / 李文鉉
펴낸이 / 김용성
펴낸곳 / 지성문화사
등 록 / 제5-14호(1976.1.21.)
주 소 / 서울시 동대문구 신설동 117-8 예일빌딩
전 화 / (02) 2236-0654, 2233-5554
팩 스 / (02) 2236-0655, 2238-4240

정 가 / 15,000원
ISBN 978-89-7575-258-2